U0525002

高质量发展建设共同富裕示范区研究丛书
中国社会科学院组织编写

人口老龄化背景下
高质量就业与共同富裕的浙江探索

都阳 等著

中国社会科学出版社

图书在版编目（CIP）数据

人口老龄化背景下高质量就业与共同富裕的浙江探索/都阳等著 . --北京：中国社会科学出版社，2024.10
（高质量发展建设共同富裕示范区研究丛书）
ISBN 978-7-5227-2685-4

Ⅰ.①人… Ⅱ.①都… Ⅲ.①劳动就业—影响—共同富裕—研究—浙江 Ⅳ.①F127.55

中国国家版本馆 CIP 数据核字（2023）第 195154 号

出 版 人	赵剑英	
责任编辑	车文娇	
责任校对	李　莉	
责任印制	王　超	

出　　版	中国社会科学出版社	
社　　址	北京鼓楼西大街甲 158 号	
邮　　编	100720	
网　　址	http://www.csspw.cn	
发 行 部	010-84083685	
门 市 部	010-84029450	
经　　销	新华书店及其他书店	
印　　刷	北京君升印刷有限公司	
装　　订	廊坊市广阳区广增装订厂	
版　　次	2024 年 10 月第 1 版	
印　　次	2024 年 10 月第 1 次印刷	
开　　本	710×1000　1/16	
印　　张	12.75	
字　　数	172 千字	
定　　价	68.00 元	

凡购买中国社会科学出版社图书，如有质量问题请与本社营销中心联系调换
电话：010-84083683
版权所有　侵权必究

总　　序

2021年，在迎来建党百年华诞的历史性时刻，党中央对推进共同富裕作出了分阶段推进的重要部署。其中意义非同小可的一条：浙江被明确为全国首个高质量发展建设共同富裕示范区，要在推进以人为核心的现代化、实现全体人民全面发展和社会全面进步的伟大变革中发挥先行和示范作用。于浙江而言，这既是党中央赋予的重大政治责任和光荣历史使命，也是前所未有的重大发展机遇。浙江发展注入了新的强劲动力！

理论是实践的先导，高质量发展建设共同富裕示范区离不开理论创新。基于理论先行的工作思路，2021年5月，中共浙江省委与中国社会科学院联合启动了"浙江省高质量发展建设共同富裕示范区研究"重大课题研究工作。

两年多来，课题组在深入调查、潜心研究的基础上，形成了由13部著作组成、约260万字篇幅的课题成果——"高质量发展建设共同富裕示范区研究丛书"。这套丛书不仅全景式展现了浙江深入学习习近平总书记关于共同富裕的重要论述精神，扎实落实《中共中央　国务院关于支持浙江高质量发展建设共同富裕示范区的意见》的工作实践，而且展现了浙江在全域共富、绿色共富、对外开放、金融发展、产业体系、数字经济、公共服务、养老保障等共同富裕不同方面的特点和基础，也展现了浙江围绕示范区建设边学边谋边干、经济社会高质量发展取得的一系列新突破。

由 13 部著作组成的这套丛书，各有各的侧重点。其中，李雪松等著的《浙江共同富裕研究：基础、监测与路径》，从共同富裕的科学内涵出发，分析了浙江高质量发展建设共同富裕示范区的基础条件，提出了共同富裕的指标体系和目标标准。魏后凯、年猛、王瑜等著的《迈向全域共富的浙江探索》，从城乡协调、区域协调和乡村振兴角度，阐述了浙江打造城乡区域协调发展引领区的经验做法。张永生、庄贵阳、郑艳等著的《浙江绿色共富：理念、路径与案例》，由"绿水青山就是金山银山"发展理念在浙江诞生的历程入手，系统阐述了浙江践行绿色发展道路、打造美丽浙江，实现生态经济和生态富民的生动实践。姚枝仲等著的《高水平对外开放推动共同富裕的浙江实践》，重点阐述了浙江在高水平开放推动自主创新、建设具有国际竞争力的现代产业体系、提升经济循环效率、实施开放的人才政策、促进城乡和区域协调发展、发展文化产业和丰富人民精神文化生活、实现生态文明和绿色发展等方面的成效。王震等著的《基本公共服务均等化与高质量发展的浙江实践》，从公共财政、公共教育、医疗卫生、养老服务、住房保障等若干角度阐述了浙江公共服务高质量发展和均等化，进而构建激励相容的公共服务治理模式的前行轨迹。张翼等著的《共同富裕与养老保障体系建设的浙江探索》，在系统分析浙江人口老龄化的现状与前景的同时，阐述了浙江养老保障体系建设的总体情况。张晓晶、李广子、张珩著的《金融发展和共同富裕：理论与实证》，剖析了金融发展和共同富裕的关系，阐述了浙江金融发展支持共同富裕的主要经验做法，梳理了金融发展支持共同富裕的政策发力点。张树华、陈承新等著的《党建引领建设共同富裕示范区的浙江探索》，重点阐述了浙江坚持和加强党的全面领导，凝聚全社会共同奋斗推进共同富裕示范区建设的突出特色。冯颜利等著的《精神生活共同富裕的浙江探索》，阐述了浙江在探索精神生活共同富裕、公共文化服务优质均衡发展等方面的突出成绩。黄群慧、邓曲恒等著的《以现代化产业体系建设推进共同富裕的浙江探索》，在分析现代化产业体系对共同富裕的促进作用基础上，阐述了浙江产业体系相对完备、实体经济发展强劲对于推进共同富裕的重要保障作用。都阳等著的《人口老龄化背景下高质量就业与共同富裕的浙江探索》，从分析人口老龄化背景下浙江就业发展的态势入手，梳理了浙江促进高质量就业面临的挑战和路径举措。夏杰长、刘奕等著的《数字经济和服务业高质量发展的浙江探索》，聚焦浙江数字经济和服务业高质量发展，系统探究了浙江数字经济和服务业高质量发展促进共同富裕的机理逻辑、现实探索和困难挑战等问题。汪德华、鲁建坤等著的《共同富裕与财税政策体系构建的浙江探索》，围绕财税体制和财税政策，阐述了浙江在资金直达基层、"钱随人走"制度改革、市县财政收入激励奖补机制、"一事一议"财政奖补体制等方面取得的重要进展。

应当说，"高质量发展建设共同富裕示范区研究丛书"的撰写，也是中国社会科学院建设中国特色新型智库、发挥智库作用的一次重要探索。中国社会科学院始终坚持学术研究与对策研究相结合，理论研究服务于党中央和国家的需要。作为为党中央和国家决策服务的思想库，只有回应时代的呼唤，认真研究解决重大理论和现实问题，才能真正把握住历史脉络，找到发展规律，真正履行使命，推动理论创新。

中国社会科学院和浙江省有着长期良好的合作传统和合作基础，这套丛书是中国社会科学院和浙江省合作研究的又一结晶。在此前的两次合作研究中，2007年"浙江经验与中国发展——科学发展观与和谐社会建设在浙江"（6卷本）和2014年"中国梦与浙江实践"系列丛书，产生了广泛而深远的社会影响。

中共浙江省委始终高度重视此项工作，省委主要领导多次作出批示，对课题研究提供了大力支持。中国社会科学院抽调了12个研究所（院）的研究骨干组成13个子课题组，多次深入浙江省实地调研。调研期间，合作双方克服新冠疫情带来的种种困难，其间的线上线下交流讨论、会议沟通不计其数。在此，我们要向付出辛勤劳动的各位课题组专家表示衷心感谢！

站在新的更高历史起点上，让我们继续奋力前行，不断谱写高质量发展建设共同富裕示范区浙江实践、共同富裕全国实践的新篇章。

"高质量发展建设共同富裕
示范区研究丛书"课题组
2024 年 1 月 3 日

前　言

习近平同志指出："共同富裕，是马克思主义的一个基本目标，也是自古以来我国人民的一个基本理想。"① 党的二十大报告提出，实现全体人民共同富裕是中国式现代化的本质要求，并对扎实推进共同富裕作出了重要战略部署。浙江省共同富裕示范区的建设正是这一目标和部署的重要实践。推进共同富裕是一项庞大的系统工程，需要从多个维度展开深入的分析和研究。全面深入的研究评估，不仅有利于浙江在未来的共同富裕之路上行稳致远，也可以为其他地区提供有益的借鉴。

人口老龄化不仅是浙江高质量发展面临的重要挑战，也是扎实推进共同富裕示范区建设需要解决的重点问题之一。就业是民生之本，高质量就业是推动实现共同富裕的重要途径和必然选择。人口老龄化和高质量就业二者并非孤立，而是紧密关联。人口的快速老龄化是推动共同富裕的进程中必须面临的基本约束，促进高质量就业是推进共同富裕的重要手段和必由路径。人口老龄化直接影响劳动供给和就业需求，也是促进经济发展方式转变的重要推动力。因此，本书旨在深入探讨浙江省共同富裕示范区建设中应对人口老龄化以及推进高质量就业的关键作用，以期能为浙江共富探索提供有益的思路和建议。本书章节安排和主要内容如下。

第一章为研究综述。共同富裕思想在中国有着深厚的历史文化根

---

① 习近平：《习近平谈治国理政》第二卷，外文出版社2017年版，第214页。

基，从先秦诸子百家到历代儒学思想家，从近代太平天国运动到孙中山提出的"三民主义"，共同富裕思想不断积淀发展。以毛泽东、邓小平、江泽民和胡锦涛等领导同志为代表的共产党人在不断探索和实践中，完善了马克思主义的共同富裕理论。在新的发展阶段，习近平新时代中国特色社会主义思想深刻而系统地阐述了共同富裕的理论内涵，为扎实推进共同富裕提供了行动指南。

第二章研究了浙江省人口老龄化与就业发展态势。从当前的人口老龄化水平来看，浙江在全国并不算高，人口老龄化速度也低于全国平均水平，这与其人口净流入有关；但人口老龄化的城乡分异十分明显，乡村远超全国平均水平。从劳动力市场运行情况来看，得益于民营经济的繁荣和新兴产业的集聚，浙江就业创造能力较强，劳动者收入提高较快，缩小了城乡之间和地区之间的收入差距。未来，要进一步创新城乡融合发展体制机制，畅通要素自由流动的渠道，促进城乡产业和人口发展相协调。

第三章研究了人口老龄化趋势下浙江公共服务配置问题。在老龄化不断加剧的背景下，浙江省养老公共服务供给压力也不断增加，公共服务资源在城乡和地区之间的配置存在不平衡，促进老龄事业高质量发展成为公共服务的重要领域。未来，需要政府、企业、市场在养老公共服务体系建设上密切合作，进一步健全社会保障制度，补齐农村养老服务短板，强化居家社区养老服务能力，加快构建老年友好型社会。

第四章研究了浙江促进高质量就业面临的挑战与路径举措。本章从"做大蛋糕"与"分享蛋糕"两个维度探讨了高质量就业与共同富裕的关系，提出只有不断创造越来越多高质量的就业岗位，才能筑牢共同富裕的根基。通过对劳动力市场的比较分析发现，浙江已经具备了实现高质量就业的良好基础，但在外来劳动者权益保障、劳动力市场包容性等领域还存在进一步改善的空间。为此，需要在提高劳动力市场的包容性、加大普惠性人力资本投入、强化对重点群体就业支持等方面加大工作力度。

第五章研究了浙江高质量就业对共同富裕的促进机制。改革开放以来，浙江经济取得较快发展，经济发展水平走在全国前列，在促进充分高质量就业上取得了较好的成效，有力推动了经济高质量发展。未来，浙江还应继续在提高技能人才供给水平、加强城乡区域协调发展、降低企业用工成本和建立高质量就业监测评估机制等方面着力，持续推动高质量就业。

第六章研究了浙江数字经济发展与推进高质量就业。浙江是数字经济大省和数字创新策源地，经济发展不仅使就业规模扩大和就业质量提高，还缩小了城乡和地区间的收入差距。数字技术渗透程度的提高，在一定程度上扩大了行业间的收入差距，与数字经济相关产业的劳动保障等问题也值得关注。本章提出加快建设数字基础设施、进一步缩小地区间"数字鸿沟"、加快数字人才培养、完善劳动者权益保障等政策建议。

附录为湖州和开化两地的实践案例研究。湖州和开化两地的区位条件和经济发展水平不同，人口老龄化的影响和应对思路也有差异。湖州产业基础好、经济发展水平高，吸引大量年轻外来人口流入，减缓了老龄化进程，相对充裕的财力使应对老龄化能力更强。开化地处山区，产业支撑相对薄弱、城乡收入差距大，年轻人口大量外流加快了人口老龄化进程，导致经济增长的人力资源和人力资本支撑弱化，快速老龄化也增加了地方应对人口老龄化的难度。两个地区的对比说明，人口老龄化背景下推进共同富裕既要夯实经济基础，也要统筹考虑人口流动造成的区域影响。

目　录

第一章　绪论 …………………………………………………… 1
　第一节　共同富裕思想发展脉络 ………………………………… 1
　第二节　近期共同富裕研究进展 ………………………………… 15
　第三节　人口老龄化、高质量就业与共同富裕关系的
　　　　　研究综述 ………………………………………………… 19

第二章　浙江人口老龄化与就业发展态势研究 ……………… 23
　第一节　人口特征与趋势 ………………………………………… 24
　第二节　就业基本特征 …………………………………………… 28
　第三节　人口与就业互动发展态势 ……………………………… 31
　第四节　推动人口和就业匹配的浙江共富之路探索 …………… 38
　第五节　人口老龄化时代浙江推进共同富裕的思考 …………… 40

第三章　人口老龄化趋势下浙江公共服务配置研究 ………… 43
　第一节　浙江人口老龄化现状和特点 …………………………… 44
　第二节　浙江养老公共服务配置现状、问题和难点 …………… 48
　第三节　浙江推进养老公共服务均衡配置的实践
　　　　　探索及不足 ……………………………………………… 51
　第四节　浙江养老公共服务建设重点和政策取向 ……………… 56

第四章 浙江促进高质量就业面临的挑战与路径举措 ………… 60
　　第一节　高质量就业与共同富裕的理论关系 …………… 60
　　第二节　浙江就业发展的基本态势与面临的挑战 ……… 64
　　第三节　共同富裕导向下浙江就业高质量发展的
　　　　　　目标和措施 ………………………………………… 76

第五章 浙江高质量就业对共同富裕的促进机制研究 ………… 83
　　第一节　高质量就业的内涵和外延 ……………………… 83
　　第二节　高质量就业与经济增长 ………………………… 87
　　第三节　高质量就业与共同富裕 ………………………… 96
　　第四节　浙江促进高质量就业的对策建议 …………… 104

第六章 浙江数字经济发展与推进高质量就业 ………………… 107
　　第一节　数字经济特征及浙江数字经济发展现状 …… 107
　　第二节　浙江数字经济发展对劳动力市场及收入
　　　　　　分配的影响 ……………………………………… 111
　　第三节　浙江经济数字化转型中劳动力市场改革路径 … 123

附　录 ………………………………………………………………… 127
　　调研报告一　湖州市人口老龄化与推进城乡融合发展的
　　　　　　　　问题与对策研究 ………………………… 127
　　调研报告二　人口老龄化背景下城乡融合发展与要素流动制约
　　　　　　　　——基于浙江省开化县乡村产业发展的调查 … 147

参考文献 …………………………………………………………… 184

后　记 ……………………………………………………………… 190

第一章 绪 论

实现共同富裕是中华民族乃至全世界人民孜孜以求的梦想,是马克思主义所设想的未来社会的重要特征。梳理古今中外思想家对共同富裕的理解以及实践家对共同富裕思想探索的脉络,是新时代认识、理解共同富裕的逻辑起点和历史基础,具有重要的理论指导意义。本章对共同富裕思想的研究分为两个部分:一是梳理共同富裕思想发展的脉络,关注中国古代哲学家、马克思主义经典作家对于共同富裕的认识,重点关注习近平新时代中国特色社会主义思想中有关共同富裕问题的阐述;二是探索近年来学术界关于共同富裕研究的新进展,包括共同富裕概念内涵、实现路径等,特别是聚焦人口老龄化、就业发展与共同富裕关系的研究。

第一节 共同富裕思想发展脉络

共同富裕思想在中国有着深厚的历史文化根基,中国共产党吸收马克思主义关于共同富裕的理论,基于中国传统文化并结合中国国情,展开了对实现共同富裕目标的长期探索,逐渐形成了自己的理论思想体系。回顾这些思想,对于我们理解共同富裕思想的精神实质有着重要的指导意义。

一 中国传统思想中共同富裕的历史文化根基

从先秦诸子的"大同"理想到近代民主革命家孙中山的"耕者有其田"理想,共同富裕的思想深入中华民族的文化基因,以下我们将根据共同富裕思想发展的历史脉络进行梳理。

(一)先秦共同富裕思想

先秦思想家的经典中,已经包含十分丰富的共同富裕思想。《礼运大同篇》中写道:"大道之行也,天下为公。选贤与能,讲信修睦,故人不独亲其亲,不独子其子,使老有所终,壮有所用,幼有所长,矜寡孤独废疾者皆有所养,男有分,女有归。货恶其弃于地也,不必藏于己;力恶其不出于身也,不必为己。是故谋闭而不兴,盗窃乱贼而不作,故外户而不闭,是谓大同。"孔子在《论语·季氏》第十六篇中指出:"闻有国有家者,不患寡而患不均,不患贫而患不安。盖均无贫,和无寡,安无倾。"孟子的思想中也有很多共同富裕理念,《孟子·梁惠王上》说:"老吾老以及人之老,幼吾幼以及人之幼。"《吕氏春秋·贵公》提出:"治天下也,必先公,公则天下平矣。"此外,诸子百家中也有很多与共同富裕相关的表述,例如《管子·霸言》中的"以天下之财利天下之人",《道德经》中的"损有余而补不足"。

(二)汉代以后共同富裕思想不断发展

儒学在汉代得到了巨大发展,其中的共同富裕思想被学者进一步发展。西汉大儒董仲舒提出,"使富者足以示贵而不至于骄,贫者足以养生而不至于忧。以此为度而调均之,是以财不匮而上下相安,故易治也"(《春秋繁露·度制篇》)。王符提出,"夫为国者以富民为本,以正学为基。民富乃可教,学正乃得义"(《潜夫论》卷一《务本》)。明末思想家王夫之在《读通鉴论》与《宋论》中提出"平天下者,均天下而已"的观点,还进一步指出"物质富裕"与"精神富裕"两者之间辩证统一的关系,提出"裕民之衣食,必以廉耻之心裕之；以调国之财用，必以礼乐之情调之"的论断。

（三）太平天国的《天朝田亩制度》

除古代思想家提出的共同富裕思想外，历代农民起义大多以均田免赋、消除贫富不均为斗争的纲领，其中太平天国时期的《天朝田亩制度》最具代表意义。《天朝田亩制度》是太平天国定都天京后，于1853年颁布的一个政策纲领，其基本内容是关于土地制度改革，同时提及中央及地方政治制度，还涉及经济制度。土地制度是根本，是诸种制度所依托的基础，也是《天朝田亩制度》的精华所在。《天朝田亩制度》包含两个内容：一是划分土地质量的等级标准；二是制定土地分配的原则和方法。《天朝田亩制度》把天下田亩按其产量多寡，分为三类九等。尽管《天朝田亩制度》并未实际执行，但其反映了人民建立一个"有田同耕，有饭同食，有衣同穿，有钱同使，无处不均匀，无人不饱暖"的理想社会的美好愿望。

（四）孙中山的民生主义

孙中山主张平均地权，将其作为解决中国土地问题的方针之一，并作为民生主义的纲领。孙中山说："民生主义，就是要人人有平等的地位去谋生活；人人有了平等的地位去谋生活，然后中国四万万人才可以享幸福。"[①] 他希望实现"耕者有其田"，让人人都有平等的地位去谋生活，从而避免类似西方资本主义社会中贫富悬殊、两极分化的问题。孙中山认为，实现贫富均等是实行民生主义的关键所在。为了达成这一目标，他主张"平均地权"和"节制资本"，将土地作为农业生产的基本要素，以满足农民对土地的需求。晚年，他进一步提出"耕者有其田"的口号，推进"平均地权"思想的发展。

二 马克思主义经典作家对共同富裕的构想

虽然马克思主义经典作家没有明确提出"共同富裕"的概念，

---

① 孙中山：《孙中山选集》（下），人民出版社2011年版，第965页。

但是共同富裕的思想贯穿于整个马克思主义理论体系。马克思主义理论中,最终实现共产主义社会的理想也是消除两极分化、实现共同富裕的理想。

(一) 马克思、恩格斯的共同富裕理论

社会物质生产力的不断发展,是人类走向共同富裕的一般基础和前提。马克思在《经济学手稿(1857—1858年)》中提出,"社会生产力的发展将如此迅速,以致尽管生产将以所有的人富裕为目的,所有的人的可以自由支配的时间还是会增加。因为真正的财富就是所有个人的发达的生产力"。[①] 马克思认为,经历了资本主义社会,生产力水平有了前所未有的进步和提升,社会物质财富极大积累,必须充分吸收资本主义社会所创造的生产力和社会财富,在此基础上,消灭私有制,消灭剥削,建立生产资料公有制,为全社会成员共同所享有,这样一来才能够达到共同富裕的社会形态。恩格斯在《共产主义原理》中用不少篇幅描述了未来社会的共同富裕状况,他提出"由社会全体成员组成的共同联合体来共同地和有计划地利用生产力;把生产发展到能够满足所有人的需要的规模;结束牺牲一些人的利益来满足另一些人的需要的状况;彻底消灭阶级和阶级对立;通过消除旧的分工,通过产业教育、变换工种、所有人共同享受大家创造出来的福利,通过城乡的融合,使社会全体成员的才能得到全面发展"。[②]

按劳分配是共产主义社会初级阶段促进共同富裕的主要方式。共产主义社会第一阶段在分配上实行的是建立在生产资料公有制基础上的按劳分配。由于这个第一阶段"是刚刚从资本主义社会中产生出来的,因此它在各方面,在经济、道德和精神方面都还带着它脱胎出来的那个旧社会的痕迹。所以,每一个生产者,在作了各项扣

[①] 中共中央马克思恩格斯列宁斯大林著作编译局译:《马克思恩格斯全集》第四十六卷(下册),人民出版社1980年版,第222页。

[②] 中共中央马克思恩格斯列宁斯大林著作编译局编译:《马克思恩格斯选集》第一卷,人民出版社1995年版,第243页。

除以后，从社会领回的，正好是他给予社会的。他给予社会的，就是他个人的劳动量"①。这时的共同富裕仍然仅限于每个人获取个人消费资料的权利上的平等，而不是指事实上的消费资料在量的占有上的完全相等。

按需分配是共产主义社会高级阶段实现共同富裕的理想。在《哥达纲领批判》中，马克思进一步指出了实现共产主义高级阶段的前提条件："……在迫使个人奴隶般地服从分工的情形已经消失，从而脑力劳动和体力劳动的对立也随之消失之后；在劳动已经不仅仅是谋生的手段，而且本身成了生活的第一需要之后；在随着个人的全面发展，他们的生产力也增长起来，而集体财富的一切源泉都充分涌流之后，——只有在那个时候，才能完全超出资产阶级权利的狭隘眼界，社会才能在自己的旗帜上写上：各尽所能，按需分配！"②

实现共同富裕的根本途径和前提是人的全面发展，而共同富裕是人的全面发展的重要保障。马克思不仅对共同富裕的内涵进行了深刻阐述，还指出了实现人的全面发展的重要途径：通过结合人力资本和生产劳动。马克思在《1844年经济学哲学手稿》中指出，"全部历史是为了使'人'成为感性意识的对象和使'人作为人'的需要成为需要而作准备的历史"③。需求的满足是人的全面发展的逻辑前提，人的全面发展是建立在从低级需求到高级需求被满足之上的，如果只有自然需求被满足而精神需求和社会需求没有得到满足，人的全面发展将无法实现"。

(二) 其他马克思主义经典作家的共同富裕理论

在苏联社会主义建设实践的基础上，列宁和斯大林进一步丰富了

---

① 中共中央马克思恩格斯列宁斯大林著作编译局编译：《马克思恩格斯选集》第三卷，人民出版社1995年版，第304页。
② 中共中央马克思恩格斯列宁斯大林著作编译局编译：《马克思恩格斯选集》第三卷，人民出版社1995年版，第305—306页。
③ 中共中央马克思恩格斯列宁斯大林著作编译局编译：《马克思恩格斯全集》第三卷，人民出版社2002年版，第308页。

共同富裕理论。列宁指出,"只有社会主义才可能广泛推行和真正支配根据科学原则进行的产品的社会生产和分配,以便使所有劳动者过最美好的、最幸福的生活"。① 斯大林也表达了类似的思想,"社会主义不是要大家贫困,而是要消灭贫困,为社会全体成员建立富裕的和文明的生活"。②

三 中国共产党对共同富裕的探索

自中国共产党成立以来,一代代中国共产党人在马克思主义思想的指引下,不断对共同富裕进行探索和实践,形成了丰富的理论成果和较为完整的思想体系。

(一) 毛泽东同志关于共同富裕的思考

毛泽东同志关于共同富裕的思考在中国共产党正式文件中出现,最早是在1953年12月16日通过的《中国共产党中央委员会关于发展农业生产合作社的决议》中。该决议指出:"为着进一步地提高农业生产力,党在农村中工作的最根本的任务,就是要善于用明白易懂而为农民所能够接受的道理和办法去教育和促进农民群众逐步联合组织起来,逐步实行农业的社会主义改造,使农业能够由落后的小规模生产的个体经济变为先进的大规模生产的合作经济,以便逐步克服工业和农业这两个经济部门发展不相适应的矛盾,并使农民能够逐步完全摆脱贫困的状况而取得共同富裕和普遍繁荣的生活。"③

毛泽东同志还从社会主义制度与共同富裕的关系的角度进一步思考了共同富裕问题。1955年10月,在资本主义工商业社会主义改造问题的座谈会上,毛泽东同志再次谈及共同富裕话题,"我们还是一

---

① 中共中央马克思恩格斯列宁斯大林著作编译局编译:《列宁全集》第三十四卷,人民出版社1985年版,第356页。
② 中共中央马克思恩格斯列宁斯大林著作编译局编:《斯大林选集》下卷,人民出版社1979年版,第337页。
③ 中共中央文献研究室编:《建国以来重要文献选编》(第四册),中央文献出版社1993年版,第661—662页。

个农业国。在农业国的基础上,是谈不上什么强的,也谈不上什么富的。但是,现在我们实行这么一种制度,这么一种计划,是可以一年一年走向更富更强的,一年一年可以看到更富更强些。而这个富,是共同的富,这个强,是共同的强,大家都有份"。① 他指出,社会主义制度不仅能够逐步改善国家贫困落后的面貌,而且社会主义制度所要实现的富裕是全体人民的共同富裕,而不是像资本主义制度所实现的是少数人富裕,多数人贫困。这实际上鲜明地指出了社会主义制度的优越性。

(二) 邓小平同志关于共同富裕的探索

改革开放后,邓小平同志多次强调共同富裕。20 世纪 90 年代初,邓小平同志提出,"共同致富,我们从改革一开始就讲,将来总有一天要成为中心课题。社会主义不是少数人富起来、大多数人穷,不是那个样子。社会主义最大的优越性就是共同富裕,这是体现社会主义本质的一个东西"。② 江泽民同志和胡锦涛同志延续了邓小平同志的思想。江泽民同志强调:"实现共同富裕是社会主义的根本原则和本质特征,绝不能动摇。"③ 胡锦涛同志也要求"保证人民群众共享改革发展的成果"。④

1. 贫穷不是社会主义

1984 年 6 月 30 日,邓小平同志在会见外宾时再次谈及共同富裕话题,他提出"社会主义要消灭贫穷。贫穷不是社会主义,更不是共产主义"。⑤ 此后,邓小平同志进一步从共同富裕角度阐述了社会主义的本质,"什么叫社会主义,什么叫马克思主义?我们过去对这个问题的认识不是完全清醒的。马克思主义最注重发展生产力。我们讲社会主义是共产主义的初级阶段,共产主义的高级阶段要实行各尽所能、按需分配,这就要求社会生产力高度发展,社会物质财富极大丰富。所以社会主义

---

① 中共中央文献研究室编:《毛泽东文集》第六卷,人民出版社 1999 年版,第 495 页。
② 邓小平:《邓小平文选》第三卷,人民出版社 1993 年版,第 364 页。
③ 江泽民:《江泽民文选》第一卷,人民出版社 2006 年版,第 466 页。
④ 胡锦涛:《论构建社会主义和谐社会》,中央文献出版社 2013 年版,第 43 页。
⑤ 邓小平:《建设有中国特色的社会主义(增订本)》,人民出版社 1987 年版,第 53 页。

阶段的最根本任务就是发展生产力,社会主义的优越性归根到底要体现在它的生产力比资本主义发展得更快一些、更高一些,并且在发展生产力的基础上不断改善人民的物质文化生活。如果说我们建国以后有缺点,那就是对发展生产力有某种忽略"。①

此后,邓小平同志多次在讲话中阐述了"贫穷不是社会主义"的思想。1987年,他在接见外宾时指出,"搞社会主义,一定要使生产力发达,贫穷不是社会主义。我们坚持社会主义,要建设对资本主义具有优越性的社会主义,首先必须摆脱贫穷"。② 1988年,他指出:"社会主义的特点不是穷,而是富,但这种富是人民共同富裕。"③ 邓小平同志的"贫穷不是社会主义"思想,明确了社会主义的根本任务是发展生产力,促进了社会主义经济建设的发展。

1992年年初,邓小平同志在南方谈话中指出:"社会主义的本质,是解放生产力,发展生产力,消灭剥削,消除两极分化,最终达到共同富裕。"④ 这一表述全面、深刻、精辟地阐述了社会主义本质的内涵,明确共同富裕是社会主义的根本目的,是社会主义的本质特点。

2. 社会主义是共同富裕的制度保障

邓小平同志认为,要实现共同富裕,必须靠社会主义制度的保障。在资本主义制度下,是不可能实现共同富裕的,因为资本主义制度存在着剥削和掠夺,不可能避免两极分化和经济危机等问题。社会主义的经济是以公有制为基础的,生产是为了最大限度地满足人民的物质、文化需要,而不是为了剥削。由于社会主义制度的这些特点,我国人民能有共同的政治经济社会理想、共同的道德标准。以上这些,资本主义社会永远不可能有。资本主义社会永远不可能摆脱百万富翁的超级利润,不能摆脱剥削和掠夺,不能摆脱经济危机,不能形成共同的理想和道德,不能避免各种极端严重的犯罪、

---

① 邓小平:《邓小平文选》第三卷,人民出版社1993年版,第63页。
② 邓小平:《邓小平文选》第三卷,人民出版社1993年版,第225页。
③ 邓小平:《邓小平文选》第三卷,人民出版社1993年版,第265页。
④ 邓小平:《邓小平文选》第三卷,人民出版社1993年版,第373页。

堕落、绝望。① 在中国落后的状态下，只有坚持社会主义才能发展生产力，改善人民生活。走资本主义道路只能使极少数人富裕，而不可能解决大多数人生活富裕的问题。邓小平同志提出，在实行按劳分配的原则下，不会产生贫富过大的差距。未来二三十年，随着中国生产力的发展，也不会出现两极分化的现象。②

3. 先富带动后富，最终达到共同富裕

邓小平同志总结了过去探索共同富裕道路的经验教训，并提出了"先富共富论"，即让一部分人和地区先富起来，然后带动其他人和地区一起富裕。这种发展方式呈现波浪式的发展趋势，最终实现共同富裕。这种方式不仅是实现共同富裕的必由之路，而且是从中国实际出发，加速实现共同富裕的捷径。1992年，邓小平同志在南方谈话中指出："走社会主义道路，就是要逐步实现共同富裕。共同富裕的构想是这样提出的：一部分地区有条件先发展起来，一部分地区发展慢点，先发展起来的地区带动后发展的地区，最终达到共同富裕。"③ 邓小平同志说这是一个能够影响和带动整个国民经济的大政策，还说"一部分地区发展快一点，带动大部分地区，这是加速发展、达到共同富裕的捷径"④。

（三）习近平同志关于共同富裕的重要论述

习近平同志在福建、浙江工作时期，对共同富裕问题已有深入的思考，产生了新时代共同富裕理论的萌芽，此后随着实践探索的深入，关于共同富裕的论述不断完善发展，目前已经形成了比较完整的理论体系。

1. 《摆脱贫困》与《之江新语》

在《摆脱贫困》一书的跋中，习近平同志就讲道，"只有首先

---

① 邓小平：《邓小平文选》第二卷，人民出版社1994年版，第167页。
② 邓小平：《邓小平文选》第三卷，人民出版社1993年版，第64页。
③ 中共中央文献研究室编：《邓小平关于建设有中国特色社会主义的论述专题摘编》，中央文献出版社1992年版，第242页。
④ 邓小平：《邓小平文选》第三卷，人民出版社1993年版，第166页。

'摆脱'了我们头脑中的'贫困'……才能使我们整个国家和民族'摆脱贫困',走上繁荣富裕之路"。①

在《之江新语》中,习近平同志对共同富裕的论述更加丰富具体。他在《做长欠发达地区这块"短板"》一文中写道:"发达地区要发挥自身优势,尽力帮助欠发达地区加快发展;欠发达地区自身要转变观念、创新体制、改善环境、不懈努力。推进'山海协作工程',就是要通过发达地区和欠发达地区全方位的合作,有的放矢地加大工作力度,做长欠发达地区这块'短板',使全省各个地区的人民共享经济社会发展成果。"②他在《从"两种人"看"三农"问题》一文中指出,"实现'生产发展、生活宽裕、乡风文明、村容整洁、管理民主',让农民共享发展成果,共享现代文明。通过这样一个全方位的发展和变革,逐步消除农民与市民在实质上的差别和身份上的巨大落差,而只是社会职业分工的不同"。同时,他还指出,"当然,无论发展到什么程度,城乡始终是有差别的,有些方面如交通信息等城市会优于农村,有些方面如生态环境等农村又会优于城市,但终极的目标应当是,虽有城乡之别,而少城乡之差"。③他在《要善于抓典型》一文中指出:"浙江不乏通过诚实劳动而致富的典型,也不乏勤劳致富后反哺家乡、回馈社会、带动大家共同富裕的典型,这类典型我们要大力宣传。"④

2. 习近平新时代中国特色社会主义思想对共同富裕的阐述

习近平同志对共同富裕有着丰富而深刻的阐释。全面建成小康社会为实现共同富裕打下了坚实的基础。习近平同志强调全面建成小康社会是中国共产党的重要承诺,他指出:"全面建成小康社会、实现第一个百年奋斗目标,农村贫困人口全部脱贫是一个标志性指标……全面建成小康社会,是我们对全国人民的庄严承诺,必须实

---

① 习近平:《摆脱贫困》,福建人民出版社1992年版,第10页。
② 习近平:《之江新语》,浙江人民出版社2007年版,第92页。
③ 习近平:《之江新语》,浙江人民出版社2007年版,第188—189页。
④ 习近平:《之江新语》,浙江人民出版社2007年版,第212—213页。

现，而且必须全面实现，没有任何讨价还价的余地。"① 习近平同志同时强调全面建成小康社会重点在农村，他指出："我国发展最大的不平衡是城乡发展不平衡，最大的不充分是农村发展不充分。"②"党的十八大以来，党中央鲜明提出，全面建成小康社会最艰巨最繁重的任务在农村特别是在贫困地区，没有农村的小康特别是没有贫困地区的小康，就没有全面建成小康社会。"③

实施乡村振兴战略为实现共同富裕和防止"返贫"提供保障。习近平同志指出："农业农村农民问题是关系国计民生的根本性问题，必须始终把解决好'三农'问题作为全党工作重中之重。"④ 习近平同志为实施乡村振兴战略提供了根本遵循，他指出："实施乡村振兴战略，要顺应农民新期盼，立足国情农情，以产业兴旺为重点、生态宜居为关键、乡风文明为保障、治理有效为基础、生活富裕为根本，推动农业全面升级、农村全面进步、农民全面发展。"⑤"振兴乡村，不能就乡村论乡村，还是要强化以工补农、以城带乡，加快形成工农互促、城乡互补、协调发展、共同繁荣的新型工农城乡关系。"⑥

扎实推进共同富裕，促进社会公平正义和社会稳定。习近平同志指出："让广大人民群众共享改革发展成果，是社会主义的本质要求，是社会主义制度优越性的集中体现，是我们党坚持全心全意为人民服务根本宗旨的重要体现。"⑦ 习近平同志强调在促进共同富裕方面要更好地发挥政府的作用，他指出："更好发挥政府作用，就要切实转变政府职能，深化行政体制改革，创新行政管理方式，健全宏观调控体系，加强市场活动监管，加强和优化公共服务，促进社会公平正义和社会稳

---

① 习近平：《论"三农"工作》，中央文献出版社2022年版，第167页。
② 习近平：《论"三农"工作》，中央文献出版社2022年版，第275页。
③ 习近平：《习近平谈治国理政》第四卷，外文出版社2022年版，第127页。
④ 习近平：《习近平谈治国理政》第三卷，外文出版社2020年版，第25—26页。
⑤ 习近平：《论"三农"工作》，中央文献出版社2022年版，第241—242页。
⑥ 习近平：《论"三农"工作》，中央文献出版社2022年版，第16页。
⑦ 习近平：《习近平谈治国理政》第二卷，外文出版社2022年版，第200页。

定，促进共同富裕。"① 新时代是共同富裕的时代。习近平同志指出："这个新时代……是全国各族人民团结奋斗、不断创造美好生活、逐步实现全体人民共同富裕的时代……"②

习近平同志于 2021 年 10 月在《求是》杂志上发表的《扎实推动共同富裕》一文，对共同富裕内涵做了深刻的分析。为便于理解，我们将习近平同志在文章中对共同富裕的本质、特征和路径进行的深刻阐述归纳为表 1-1 中的内容。

表 1-1　　　　　　　　习近平同志对共同富裕的阐述

	总结	主要内容
共同富裕是社会主义的本质要求	共同富裕夯实党长期执政基础	适应我国社会主要矛盾的变化，更好满足人民日益增长的美好生活需要，必须把促进全体人民共同富裕作为为人民谋幸福的着力点，不断夯实党长期执政基础
	共同富裕夯实高质量发展的动力基础	高质量发展需要高素质劳动者，只有促进共同富裕，提高城乡居民收入，提升人力资本，才能提高全要素生产率，夯实高质量发展的动力基础
	共同富裕促进实现社会和谐安定	当前，全球收入不平等问题突出，一些国家贫富分化，中产阶层塌陷，导致社会撕裂、政治极化、民粹主义泛滥，教训十分深刻！我国必须坚决防止两极分化，促进共同富裕，实现社会和谐安定
共同富裕是全体人民共同富裕	推动共同富裕重点在农村	促进共同富裕，最艰巨最繁重的任务依然在农村；农村共同富裕工作要抓紧，但不宜像脱贫攻坚那样提出统一的量化指标
	推动共同富裕要有全局思维	像全面建成小康社会一样，全体人民共同富裕是一个总体概念，是对全社会而言的，不要分成城市一块、农村一块，或者东部、中部、西部地区各一块，各提各的指标，要从全局上来看
	推动共同富裕要脚踏实地、持续推动	我们要实现 14 亿人共同富裕，必须脚踏实地、久久为功，不是所有人都同时富裕，也不是所有地区同时达到一个富裕水准，不同人群不仅实现富裕的程度有高有低，时间上也会有先有后

---

① 习近平：《习近平谈治国理政》第一卷，外文出版社 2022 年版，第 118 页。
② 习近平：《习近平谈治国理政》第三卷，外文出版社 2022 年版，第 9 页。

续表

	总结	主要内容
共同富裕是人民群众物质生活和精神生活都富裕	推动共同富裕与促进人的全面发展相统一	共同富裕是人民群众物质生活和精神生活都富裕
		促进共同富裕与促进人的全面发展是高度统一的；要强化社会主义核心价值观引领，加强爱国主义、集体主义、社会主义教育，发展公共文化事业，完善公共文化服务体系，不断满足人民群众多样化、多层次、多方面的精神文化需求
	推动共同富裕具有长期性	共同富裕是一个长远目标，需要一个过程，不可能一蹴而就，对其长期性、艰巨性、复杂性要有充分估计，办好这件事，等不得，也急不得
	推动共同富裕要正确处理效率和公平关系	推动共同富裕要坚持以人民为中心的发展思想，在高质量发展中促进共同富裕，正确处理效率和公平的关系，构建初次分配、再分配、三次分配协调配套的基础性制度安排，加大税收、社保、转移支付等调节力度并提高精准性

资料来源：课题组整理。

3. 其他关于共同富裕的论述

习近平同志非常重视人力资本的积累，并将其视为推进共同富裕的重要路径。他对人力资本与共同富裕的关系进行了一系列的阐述。首先，他强调要重视贫困地区的教育，认为教育是脱贫致富的根本之策。在2013年11月同菏泽市及县区主要负责同志座谈时，习近平同志指出"紧紧扭住教育这个脱贫致富的根本之策，再穷不能穷教育，再穷不能穷孩子"[①]，并在2015年11月的中央扶贫开发工作会议上进一步强调"贫困地区教育事业是管长远的，必须下大气力抓好"[②]。其次，习近平同志

[①] 中共中央文献研究室编：《十八大以来重要文献选编》（上），中央文献出版社2014年版，第682页。
[②] 中共中央党史和文献研究院编：《十八大以来重要文献选编》（下），中央文献出版社2018年版，第42页。

强调要保障各个阶段的教育。在党的二十大报告中，他指出，"加快义务教育优质均衡发展和城乡一体化，优化区域教育资源配置"。① 在2015年11月的中央扶贫开发工作会议上，他也指出，"脱贫攻坚期内，职业教育培训要重点做好"②，并表示通过接受职业教育和掌握一技之长，贫困家庭的孩子能够就业，有望脱贫。2020年7月习近平同志对研究生教育工作作出重要指示，指出"党和国家事业发展迫切需要培养造就大批德才兼备的高层次人才"。③

习近平同志强调人的全面发展是实现共同富裕的必然要求。首先，推进共同富裕要坚持以人民为中心。习近平同志于2015年11月在中共中央政治局第二十八次集体学习时指出，"要坚持以人民为中心的发展思想，把增进人民福祉、促进人的全面发展、朝着共同富裕方向稳步前进作为经济发展的出发点和落脚点……部署经济工作、制定经济政策、推动经济发展都要牢牢坚持这个根本立场"。④ 此外，习近平同志认为，物质文明和精神文明需要共同推进。他在党的二十大报告中指出："中国式现代化是物质文明和精神文明相协调的现代化。物质富足、精神富有是社会主义现代化的根本要求。物质贫困不是社会主义，精神贫乏也不是社会主义。我们不断厚植现代化的物质基础，不断夯实人民幸福生活的物质条件，同时大力发展社会主义先进文化，加强理想信念教育，传承中华文明，促进物的全面丰富和人的全面发展。"⑤

---

① 习近平：《高举中国特色社会主义伟大旗帜　为全面建设社会主义现代化国家而团结奋斗——在中国共产党第二十次全国代表大会上的报告》（2022年10月16日），人民出版社2022年版，第34页。

② 习近平：《论"三农"工作》，中央文献出版社2022年版，第183页。

③ 《适应党和国家事业发展需要培养造就大批德才兼备的高层次人才》，《人民日报》（海外版）2020年7月30日第1版。

④ 习近平：《不断开拓当代中国马克思主义政治经济学新境界》，《求是》2020年第16期。

⑤ 习近平：《高举中国特色社会主义伟大旗帜　为全面建设社会主义现代化国家而团结奋斗——在中国共产党第二十次全国代表大会上的报告》（2022年10月16日），人民出版社2022年版，第22—23页。

第二节 近期共同富裕研究进展

实现全体人民共同富裕是中国共产党一直以来的奋斗目标与不懈追求，中国共产党在社会主义建设实践中归纳总结了丰富的共同富裕理论。党的十九届五中全会首次将"全体人民共同富裕取得更为明显的实质性进展"作为远景目标，凸显了在新发展阶段推进共同富裕的重要性，也彰显了我党推进共同富裕的决心，自此共同富裕逐渐成为学界研究的热点问题。

一 概念与内涵

对概念内涵的界定具有重要的认识论意义，把握共同富裕的内涵有助于加深对其特征和发展规律的认识，也为进一步研究推动共同富裕的政策路径提供指引。

（一）共同富裕的基本内涵

理论界对共同富裕这一概念的理解经历了一个不断发展的过程[①]：改革开放之前，人们普遍将共同富裕理解为同等、平均或同步的；改革开放之后，理论界对共同富裕概念的理解逐步趋于理性，普遍认为共同富裕不是绝对平均，认为富裕程度、速度、先后顺序上存在合理的差距。具体来看，共同富裕有四个方面的特征：一是共同富裕使社会整体进入富裕社会。只有在一个整体富裕的社会，才有可能、有条件实现全体社会成员的共同富裕。二是共同富裕是全体人民都富裕，而不是少数人的富裕。这要求在共同富裕的社会中，全体社会成员都能拥有满足其美好生活需要的各种生产资料和生活资料。三是共同富裕是全面富裕。这里的全面是指物质富裕与精神富裕的统一。全面富裕是生活丰裕、生态优美、社会和谐、公

---

① 李军鹏：《共同富裕：概念辨析、百年探索与现代化目标》，《改革》2021年第10期。

共服务体系完善的富裕。四是共同富裕是消除了两极分化，但存在合理差距的普遍富裕。共同富裕不是整齐划一的平均主义，而是指全体社会成员都达到富裕生活水平。尽管富裕程度仍然有所差别，但这一差别在合理的范围内。

共同富裕的概念还可以从政治、经济、社会等角度来分析。[①] 从政治角度分析，共同富裕是社会主义制度的立足之本，是与资本主义制度的本质区别。从经济角度分析，共同富裕是在坚持公有制为主体、多种所有制共同发展的制度前提下，发挥公有制经济在促进共同富裕中的作用，鼓励非公有制经济的发展。从社会角度分析，在共产主义社会中，不存在阶级。如果社会财富分配不均衡，就会导致财富过度聚集于少数人手中，社会底层向上流动的通道受阻，社会阶层将会进一步固化。共同富裕就是要在各类资源合理有序流动的前提下，实现社会各个阶层之间合理有序的流动。

（二）认识共同富裕的多重视角

从共同富裕的内涵上看，有学者将促进共同富裕的内涵总结为收入公平、基本公共服务均等化、健康公平、精神富有等方面。[②] 第一，促进共同富裕，首要内涵是推进收入分配公平。要坚持按劳分配为主体、多种分配方式并存的收入分配制度。激发各类市场主体活力，解放和发展社会生产力，促进效率和公平有机统一。第二，促进共同富裕，要着力推进基本公共服务均等化。保障和改善民生的工作，要更加注重向农村、基层、欠发达地区、困难群众倾斜，促进社会公平正义，让发展成果更多更公平惠及全体人民。要着力推进机会均等，保证全体人民平等参与、平等发展的权利。在幼有所育、学有所教、劳有所得、病有所医、老有所养、住有所居、弱有所扶上持续取得新进展，让每个人均等获得发展自我和贡献社会

---

① 肖金成、洪晗：《共同富裕的概念辨析、面临挑战及路径探索》，《企业经济》2022年第4期。

② 张来明、李建伟：《促进共同富裕的内涵、战略目标与政策措施》，《改革》2021年第9期。

的机会。第三，促进共同富裕，要着力推进健康公平，更好满足人民多方面日益增长的需要，更好促进人的全面发展。健康是促进人的全面发展的必然要求，也是广大人民群众的共同追求。第四，促进共同富裕，要着力推进精神文明建设。共同富裕不仅意味着高度的物质文明，也意味着高度的精神文明，是物质文明与精神文明的高度统一。

在推进实现共同富裕的重大意义上，学者从政治、经济、社会等多方面进行了阐述。首先，共同富裕是党的初心，是党对人民的庄严承诺，是党带领全体人民沿着中国特色社会主义道路团结奋斗的旗帜。① 从共同富裕的经济内涵看，共同富裕以中国特色社会主义基本经济制度为保障，是基本经济制度的自然逻辑延伸。共同富裕是建立在不断发展的生产力、不断增强的综合国力的基础之上的。共同富裕是全体人民共享发展成果，意味着多维综合的幸福生活和人的全面发展。共同富裕是高质量发展状态和过程的统一，是当前和长远、阶段性目标和长远目标的统一。从共同富裕的社会内涵看，共同富裕意味着中等收入阶层在数量上占主体，形成一种和谐稳定的社会结构。

二 实现路径

在理解共同富裕的内涵和外延的基础上，我们需要进一步探索共同富裕的实现路径。要实现"扎实推动共同富裕，不断增强人民群众获得感、幸福感、安全感，促进人的全面发展和社会全面进步"的目标，就要首先把握其中的问题所在，并针对具体的挑战，探寻可行的实施路径。发展不平衡不充分问题是现阶段社会主要矛盾的主要方面，将贯穿于社会主义初级阶段这一历史时期，尽管已经转向高质量发展阶段，但尚未实现高质量发展，社会生产力发展水平

---

① 刘培林、钱滔、黄先海等：《共同富裕的内涵、实现路径与测度方法》，《管理世界》2021年第8期。

还不够高，这制约着我国经济社会发展的平衡性和充分性，还面临社会利益分配格局失衡、共同富裕实现程度不均衡等问题①。

有学者将实现共同富裕路上面临的挑战总结为四个方面。② 一是整体收入水平不高。经过改革开放40多年的发展，中国已经跃升为世界第二大经济体，但居民收入水平总体不高。2020年，中国人均GDP为1.05万美元，全球排名第63位，劳动者平均工资仍然有较大的提升空间。二是收入差距较大。改革开放以来，虽然中国经济快速发展，社会财富不断增加，但收入差距问题一直存在。2019年，中国的基尼系数为0.465，相比于西方国家的收入分配差距仍然较大。三是基本公共服务均等化程度略低。公共服务对于提升民生福祉、增强社会和谐、促进经济繁荣、保持国家稳定具有重要意义。经过不懈努力，中国已经基本建立了较为完善的公共服务体系，但是依然存在区域、城乡投入差距大等问题。四是分配制度不够合理。初次分配中劳动报酬占比较低，二次分配中税收调节杠杆作用有限，三次分配中慈善捐款较少。

在推进共同富裕上，现有研究从完善再分配制度、巩固脱贫攻坚成果、推动乡村振兴、完善社会保障体系等方面提出了诸多建议。蒋永穆、豆小磊③列举了新时代扎实推动共同富裕的七条路径：一是要把加强顶层设计摆在更加重要的位置。二是要推动生产力高质量发展，夯实物质基础。三是要巩固拓展脱贫攻坚成果，守住小康底线。四是要完善收入分配制度体系，彰显制度优势。五是要改善人民生活品质，增进民生福祉。六是要优化社会保障体系，保障公平正义。七是要在世界范围内，探索人类社会共同富裕，推动全人类

---

① 蒋永穆、豆小磊：《共同富裕思想：演进历程、现实意蕴及路径选择》，《新疆师范大学学报》（哲学社会科学版）2021年第6期。
② 肖金成、洪晗：《共同富裕的概念辨析、面临挑战及路径探索》，《企业经济》2022年第4期。
③ 蒋永穆、豆小磊：《共同富裕思想：演进历程、现实意蕴及路径选择》，《新疆师范大学学报》（哲学社会科学版）2021年第6期。

实现共同发展。肖金成、洪晗①将实现共同富裕的路径探索分为四个方面。一是要解放和发展生产力，夯实物质基础。二是要实施乡村振兴战略，缩小城乡差距。三是要推进区域协调发展战略，缩小区域差距。四是要完善收入分配制度，促进收入分配公平。陈新②基于马克思主义财富观的内在逻辑，结合现阶段我国共同富裕的现实基础，将推动共同富裕的路径总结为三点。第一，要以高质量经济发展夯实共同富裕的物质基础。第二，要以高水平改革创新破解发展不均衡的现实矛盾。第三，要以高能效治理体系构建共同富裕的发展格局。

第三节 人口老龄化、高质量就业与共同富裕关系的研究综述

一 人口老龄化与共同富裕

中国正面临着日益严峻的人口老龄化问题，快速的人口老龄化过程对经济社会持续发展带来了压力，有学者指出中国面临着"未富先老"的困境，世界最大规模的老龄人口以及最快的老龄化速度，可能构成中国未来的国情，也是制约经济发展的一个最重要的因素。③ 这必将对共同富裕进程产生重要影响，了解这些影响是应对人口老龄化挑战的前提。

（一）人口老龄化加剧带来的社会治理问题

人口老龄化不可避免地会对社会发展带来影响，包括社会福利压

---

① 肖金成、洪晗：《共同富裕的概念辨析、面临挑战及路径探索》，《企业经济》2022年第4期。
② 陈新：《马克思主义财富观下的共同富裕：现实图景及实践路径——兼论对福利政治的超越》，《浙江社会科学》2021年第8期。
③ 《社科院副院长蔡昉："未富先老"是中国当前时期的重要国情》，腾讯网，https://new.qq.com/rain/a/20200822A0FOJE00，2020年8月22日。

力增大、资源分配不均、劳动力供给不足和家庭结构变化等方面。冯明[1]认为，人口年龄结构加速老龄化，会衍生出一系列"老龄社会治理难题"。首先，老龄人口抚养比的上升将使得政府、社会、家庭总体上面临更重的养老负担，并对其他生产性经济活动产生"挤出效应"。其次，老龄化加剧对社会养老保险体系的可持续性带来挑战。此外，老龄化程度加深也可能使维持和进一步激发创新活力、经济活力、社会活力成为一项挑战。老龄社会的到来还可能对金融体系以及包括房地产在内的资产价格带来结构性冲击。袁培、江妍妍[2]通过空间面板模型分析人口老龄化、科技创新与共同富裕的相互影响关系，发现人口老龄化经济压力对共同富裕存在显著的负向效应。

（二）在共同富裕进程中积极应对人口老龄化

为应对人口老龄化的消极影响，胡刚[3]提出以"共建"为条件、"共治"为路径、"共享"为目标积极应对人口老龄化，同时以乡村振兴为背景促进农村共同富裕，以健康产业为核心推动老龄化社会高质量发展，以生命周期为单元构建全龄友好型社会，以健康老龄化为目标提供可持续发展动力，以政策制度为引领提升共享发展成果的深度和广度。

在养老服务方面，王羽[4]认为，在共同富裕背景下，养老服务的发展面临新的要求，需要做到统筹发展、多层次发展、多样化发展、高质量发展。针对当前养老服务业发展不均衡、不充分的问题，应进一步明确养老服务发展的目标，建设更加完善的养老服务体系。

---

[1] 冯明：《促进共同富裕视域下中国人口问题及其治理研究》，《中央社会主义学院学报》2021年第6期。

[2] 袁培、江妍妍：《共同富裕视角下人口老龄化经济压力与科技创新影响研究分析》，《统计理论与实践》2022年第8期。

[3] 胡刚：《共同富裕命题下积极应对人口老龄化的路径选择》，《扬州大学学报》（人文社会科学版）2022年第3期。

[4] 王羽：《共同富裕进程中养老服务的地位作用与发展任务》，《学术交流》2022年第5期。

孙文灿[①]认为，发展基本养老服务，实现老有所养是实现共同富裕的应有之义：一是全体老年人是实现共同富裕的重要目标群体；二是公共服务普及普惠是共同富裕的重要内容；三是推进基本养老服务需要共同富裕相关要素支撑。

二　就业发展与共同富裕

在实现共同富裕的道路上，发挥劳动力市场的作用至关重要。改革开放以来的实践已经证明了劳动力市场对于脱贫攻坚和全面建成小康社会的重要意义。在未来追求共同富裕的过程中，仍然需要借助高效的劳动力市场创造有利的收入分配格局。[②]

首先，要通过不断扩大就业，使初次分配成为收入分配的主体形式。这也是实现高质量发展、保障中等收入群体持续扩大的基本前提。只有不断扩大就业，才能使最广大的群体通过初次分配参与分享经济发展的成果。而且，利用劳动力市场直接对国民收入进行分配是较之再分配等手段更具有经济效率的方式，也更具有持续性。从国际经验看，一些国家出现中等收入群体萎缩、收入分配恶化、民粹主义抬头等现象，首要原因就是劳动力市场出现了问题，失业率长期高企、一部分群体难以参与初次分配，必然引发社会的不稳定。

其次，要在产业结构升级中保持劳动力市场的均衡发展，防止出现劳动力市场的两极化、空心化。21世纪以来，发达国家劳动力市场的两极化趋势愈演愈烈，对中等收入群体造成了最大的伤害。一些原本中等收入群体占比较高的经济体，如美国和欧盟国家，由于劳动力市场的两极化，中等收入群体的规模有所缩小。美国的产业空心化导致所谓"铁锈地带"失业增加，中产阶级大量消失，成为

---

① 孙文灿：《实现老有所养　促进共同富裕》，《社会福利》2021年第6期。
② 都阳、贾朋：《在高质量发展中扩大中等收入群体》，《财经智库》2022年第1期。

美国当前社会矛盾的主要来源。1997—2007年欧洲劳动力市场上的中间岗位减少了6.5个百分点，成为中等收入群体萎缩的直接原因。[①]

造成发达国家劳动力市场极化的原因，既有全球化导致的分工转移、技术进步对常规认知型岗位的替代，也有产业政策和收入分配政策的缺位。随着中国人口转变进程的加速，劳动力资源的相对优势将会发生变化，要避免走发达国家产业空心化的老路，减少劳动力市场震荡对中等收入群体的不利影响。

最后，要不断提升劳动份额。不断提升劳动份额体现了按劳分配的原则，是走向共同富裕的必由之路。近年来，我国国民收入中的劳动份额呈现缓慢上升的势头，对改善收入分配格局起到了一定的推动作用，但和发达国家相比仍然有较大的提升空间。例如，2018年我国的劳动份额为37.5%[②]，同期美国为59.7%，德国为64.2%，日本为56.4%，英国为59%。从变动趋势上看，OECD国家平均的劳动份额虽然自20世纪70年代开始下降，但目前仍维持在57%左右，高出我国近20个百分点[③]。因此，还需要通过一系列政策手段不断提高劳动收入份额。

[①] Breemersch, K., J. P. Damijan, and J. Konings, "What Drives Labor Market Polarization in Advanced Countries? The Role of China and Technology", *Industrial and Corporate Change*, 2019, 28（1）: 51-77.

[②] 都阳、赵文：《中长期收入分配格局研究》，载谢伏瞻主编，蔡昉、李雪松副主编《迈上新征程的中国经济社会发展》，中国社会科学出版社2020年版。

[③] 资料来源于 The Penn World Table（ver. 10），参见 www.ggdc.net/pwt。

第二章　浙江人口老龄化与就业发展态势研究

党的十八大以来，以习近平同志为核心的党中央把逐步实现全体人民共同富裕摆在更加重要的位置上，采取有力保障措施，改善民生，打赢脱贫攻坚战，全面建成小康社会，为促进共同富裕创造了良好条件。改革开放至今，中国区域发展出现明显分化，社会结构明显分层。在迈向第二个百年奋斗目标的新征程中，浙江省成为全国实现共同富裕的先行探路者。"国之称富者，在乎丰民。"① 在实现共同富裕的探索道路上，就业是民生基础，也是集聚人口和经济创造力的重要指标之一。浙江省践行"八八战略"，民营、中小微企业快速发展，推动地区人口集聚。《中国民营经济（浙江）高质量发展指数报告（2022）》显示，民营经济对浙江省贡献呈现"67789"的特点，即贡献了 67% 左右的 GDP、73.4% 的税收、75.5% 的创新投入（全社会 R&D 人员投入）、87.5% 的就业、96.7% 的市场主体，相比全国民营经济"56789"的平均水平，浙江民营经济发展实现飞跃②。2022 年浙江省全年净增市场主体 65.2 万户，调查失业率控制在 5.5% 以内，基本形成中等收入群体为主的橄榄形社会结构。本章主要从人口结构和就业结构角度，研究浙江

---

① 2022 年 1 月 17 日，习近平同志在北京出席 2022 年世界经济论坛视频会议的演讲。原文出自三国时期魏国谋士、军事家钟会《刍荛论》。

② 新华社中国经济信息社：《中国民营经济（浙江）高质量发展指数报告（2022）》，新华指数，https://www.cnfin.com/zs-lb/detail/20230326/3830342_1.html，2023 年 3 月 26 日。

省在探索共同富裕中的实践经验，以期对其他地区的发展提供意见参考。

第一节 人口特征与趋势

浙江省是我国经济增长最快和最有活力的地区之一。浙江省统计年鉴数据显示，1978年浙江省GDP总量为123.72亿元，到2021年全省GDP总量达到7.36万亿元；年均增速达到16.4%，比全国同期高出1.8个百分点。浙江省GDP总量在全国的位次由改革开放初期的第12位上升到1994年的第4位，并保持至2022年。2021年全省人均GDP为11.3万元，居全国第5位。城市和农村居民收入分别持续21年、37年蝉联全国第一①。经济的快速增长，增强了浙江的综合实力，提高了人民生活水平，使浙江经济在全国的地位和影响力迅速上升。与此同时，收入水平的提高、医疗卫生保健事业的发展，使得死亡率迅速下降；实施计划生育政策后，生育率也开始迅速下降。早在1994年浙江省人口年龄结构就呈现出老龄化特征，20世纪90年代中后期，城乡人口流动限制放松，浙江省民营企业的快速发展吸引大量外地人口流入浙江，为浙江省经济发展奠定良好的劳动力要素基础，同时推动浙江省人口总量持续增长，缓解本地人口老龄化态势。

一 2010—2020年相对迟缓的老龄化进程

国际上通常把60岁以上人口占总人口的比重达到10%，或65岁以上人口占总人口的比重达到7%作为国家或地区进入老龄化社会的标准。无论采取何种标准，浙江省都呈现出明显的老年人口规模大、增速快的特征。2020年第七次全国人口普查数据显示，浙江省60岁

---

① 浙江省统计局：《数看"浙"十年之高质量发展十大高地》，http://tjj.zj.gov.cn/art/2022/10/13/art_1229129214_5007045.html，2022年10月13日。

及以上年龄人口规模达到1207.27万人，老龄化水平达到18.7%。其中，65岁及以上年龄人口有856.63万人，占全省总人口的13.27%。然而，与全国其他省份相比，浙江省老龄化进程相对缓慢。在全国31个省份中，浙江省65岁及以上人口占总人口比重位于辽宁（17.42%）、重庆（17.08%）、四川（16.93%）、上海（16.28%）、江苏（16.20%）、吉林（15.61%）、黑龙江（15.61%）和山东（15.13%）等之后，居全国第17位，比全国平均水平13.50%略低0.23个百分点。人口老龄化导致老年抚养比不断增加。按60岁及以上人口为老年人口、16—59岁为劳动年龄人口口径计算，2020年浙江省总抚养比为49.24%，其中少儿抚养比为21.33%，老年抚养比为27.90%，与2010年相比，老年抚养比超过少儿抚养比，且幅度较大；若按65岁及以上人口为老年人口、15—64岁为劳动年龄人口口径计算，2020年浙江省总抚养比为36.45%，老年抚养比为18.10%，与少儿抚养比几乎持平。

表2-1　1990年以来历次人口普查浙江省常住人口规模和老龄化程度

单位：万人，%

年份	常住人口		60岁及以上老年人口		65岁及以上人口	
	数量	增长率	数量	老龄化程度	数量	老龄化程度
1990	4144.6	—	430.38	10.38	282.96	6.83
2000	4593.1	10.8	566.92	12.34	409.86	8.92
2010	5442.7	18.5	755.86	13.89	508.17	9.34
2020	6456.8	18.6	1207.27	18.70	856.63	13.27

资料来源：浙江省历年人口普查。

二　城乡老龄化差距持续扩大

人口老龄化趋势在城乡分布上呈分化态势。2020年，浙江省乡村60岁及以上人口的比重比城镇高13.26个百分点，差距较2010年扩大 8.94 个百分点；乡村 65 岁及以上人口比重比城镇高 10.58 个百分点，差距较 2010 年扩大 3.98 个百分点（见表 2-2）。从城镇老龄化程度看，浙江省老龄化水平低于全国均值，排在第 16 位，浙江省城乡老龄化差距居全国第 13 位。城乡老龄化差距的持续扩大与城乡人口流动密切相关。随着城市工业经济的快速发展，医疗、教育、住房等资源条件的持续改善，越来越多的年轻人前往城镇学习或打工，乡村人口老龄化程度增速明显高于城镇，城乡老龄化差距进一步扩大。

表 2-2　　　　　2020 年浙江省分城乡老龄化程度　　　单位：万人，%

	城镇		乡村	
	人数	比重	人数	比重
60 岁及以上人口	699.24	15.01	508.03	28.27
65 岁及以上人口	481.09	10.32	375.55	20.90

资料来源：根据 2020 年第六次人口普查资料数据计算。

三　当前人口增长潜力不足

从 20 世纪 60 年代中后期开始，浙江省人口自然增长率持续下滑，人口增长潜力下降。一方面，进入 21 世纪，浙江省人口发展处于"低出生、低死亡、低增长"的现代型人口再生产阶段。图 2-1 显示，20 世纪 60 年代中期以来，浙江省人口自然增长率持续下降，从 1964 年第二次人口普查的 27.97‰，逐步下降到 2010 年第六次人口普查的 4.73‰，再下降到 2020 年第七次人口普查的 1.29‰。另一方面，浙江省生育率也在持续下滑。从出生率来看，浙江省 2020 年出生率仅为 7.13‰，较 2010 年下降 3.14 个千分点；总和生育率在 1990 年为 1.40，属于低生育水平阶段，到 2020 年降为 1.04[①]。城乡生育率都出现明显下滑。统计显示，2020 年农村一般生育率为

---

① 浙江省统计局：《浙江省第七次人口普查系列分析之三：人口自然变动》，http://tjj.zj.gov.cn/art/2022/7/22/art_1229129214_4956020.html，2022 年 7 月 22 日。

38.85‰，比城镇高1.37个千分点；总和生育率，城镇是1.01，农村为1.22，城乡均进入超低生育率阶段。

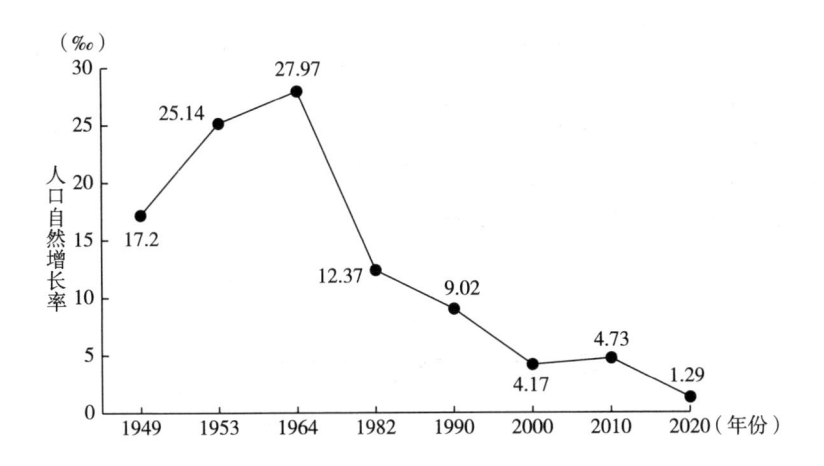

```
(‰)
30              27.97
         25.14
25
20
人   17.2
口
自15                12.37
然
增                        9.02
长10
率
 5                             4.17  4.73
                                          1.29
 0
  1949 1953 1964 1982 1990 2000 2010 2020(年份)
```

图2-1　浙江省历次人口普查人口自然增长率

资料来源：《浙江统计年鉴2022》。

四　外来人口缓解老龄化进程

随着浙江经济社会和城乡统筹发展的稳步推进，浙江对外来人员的吸引力越来越大。2020年，流入浙江的省外常住人口高达1618.64万人，占全省常住人口的25.07%。省外流入人口不仅数量大，而且年龄结构相对较年轻，以农民工为主的省外人口仍呈现出"年轻时进城、中年后返乡"的流动特点，延缓了浙江省人口老龄化进程。2020年，浙江省户籍人口中60岁及以上人口的比重为23.43%，比常住人口高4.73个百分点；而流入浙江的省外常住人口中，60岁及以上人口的比重仅为2.65%，接近九成的省外人口为15—59岁的劳动年龄人口（见表2-3）。分城乡看，浙江城镇65岁及以上人口占比为10.32%，明显低于全国12.56%的水平，浙江农村老龄化率为20.90%，又明显高于全国17.92%的水平。理论上说，跨省流动人口优先选择流入地的城镇，因此人口流入对城镇老龄化速度的减缓效果更为明显。

表 2-3　　　　2020 年浙江省户籍人口和流动人口结构　　单位：万人，%

	户籍人口		非本省人口	
	人数	比重	人数	比重
0—14 岁	729.10	14.38	157.60	9.74
15—59 岁	3152.40	62.19	1418.20	87.62
60 岁及以上	1187.50	23.43	42.84	2.65
合计	5069.00	100.00	1618.64	100.00

资料来源：户籍人口来自浙江省公安厅。

第二节　就业基本特征

改革开放 40 多年，浙江省就业总量持续增加，就业结构不断改善。近年来，劳动总量增速有所放缓，预计今后 10—20 年，20 世纪六七十年代出生高峰时期的人口逐渐进入退休阶段，预计浙江劳动年龄人口增速将进一步放缓，占总人口的比重将进一步下降，还会面临劳动力短缺、深度老龄化等问题。

第一，就业规模持续扩大。浙江省就业人员总量从 1985 年的 2318.56 万人，持续扩大到 2021 年的 3897 万人，年均增幅达到 1.5%[①]。非私营单位人员平均工资从 1979 年的 644 元增加到 2021 年的 122309 元，扣除价格因素，年均实际增长 7.8%。随着经济发展不断迈上新台阶、最低工资标准等政策措施的出台，各经济类型单位就业人员工资都得到大幅度增加。2021 年浙江省城镇非私营单位就业人员平均工资 106837 元，扣除价格因素，2009—2021 年年均增长 10.5%；城镇私营单位就业人员平均工资 62884 元，扣除价格因素，2009—2021 年年均增长 10.9%。

第二，经济活跃增强浙江的就业吸纳能力。以劳动年龄人口中就业

---

① 浙江省统计局、国家统计局浙江调查总队编：《浙江统计年鉴 2022》，中国统计出版社 2022 年版。

人口占比来衡量地区吸纳就业的能力，浙江省在全国排第6位。2021年浙江省劳动参与率为81.51%，排在其之前的分别是云南（85.29%）、四川（84.68%）、江苏（84.1%）、山东（82.12%）、湖北（81.71%）。如果综合各地的总抚养系数，浙江省劳动力就业质量也明显高于其他地区。以地理位置接近，且人均收入程度相似的江苏省为例。江苏人口老龄化程度超浙江，2021年江苏总负担系数为45.79%，比浙江高出9.34个百分点。但浙江省私营单位就业人员的平均工资基本和江苏趋同。在民营经济发展程度高度相似的情况下，江苏省负担的就业总量高达4862.86万人，其中有12.9%的人从事农业。而浙江省就业人口中仅3.0%的人从事农业[1]。从城镇私营和非私营就业人员的占比也可以看到，江苏省公有经济就业人员规模比浙江多出206.61万人。民营经济的活跃，极大地推动浙江省非农就业，也为缩小城乡收入差距、推动共同富裕奠定了基础。

第三，产业结构升级调整劳动力集聚的空间布局。从就业的地区分布来看（见图2-2），杭州市、宁波市、温州市、金华市四地2021年就业规模占全省总量的59.3%，且在11个地级市中，就业占比均超过10%。与2010年相比，杭州市、宁波市和金华市明显吸纳就业的能力在增强。其中，制造业和建筑业吸纳的就业人员合计占到全省总就业的48.5%。这与地区产业结构升级密切相关，在过去十多年里，这三个地级市通过信息技术、自贸区建设[2]，加快本地物流和

---

[1] 江苏省统计局、国家统计局江苏调查总队编：《江苏统计年鉴2022》，中国统计出版社2022年版。

[2] 2020年，国务院发布《关于印发北京、湖南、安徽自由贸易试验区总体方案及浙江自由贸易试验区扩展区域方案的通知》，浙江的自贸区实施范围从舟山扩展到杭州、宁波、金华（义乌）。按照浙江的自贸区区内发展定位：宁波片区将重点建设链接内外、多式联运、辐射力强、成链集群的国际航运枢纽，打造具有国际影响力的油气资源配置中心、国际供应链创新中心、全球新材料科创中心、智能制造高质量发展示范区。杭州片区重点打造全国领先的新一代人工智能创新发展试验区、国家金融科技创新发展试验区和全球一流的跨境电商示范中心，建设数字经济高质量发展示范区。金义片区则重点打造世界"小商品之都"，建设国际小商品自由贸易中心、数字贸易创新中心、内陆国际物流枢纽港、制造创新示范地和"一带一路"开放合作重要平台。

贸易的发展，极大地推进了本地公共基础设施便利化水平，也增强了地区的吸引力。2022年上半年，杭州、宁波人均可支配收入分别为43321元、43239元，分别同比增长3.2%、4.9%，远高于浙江省37749元①。

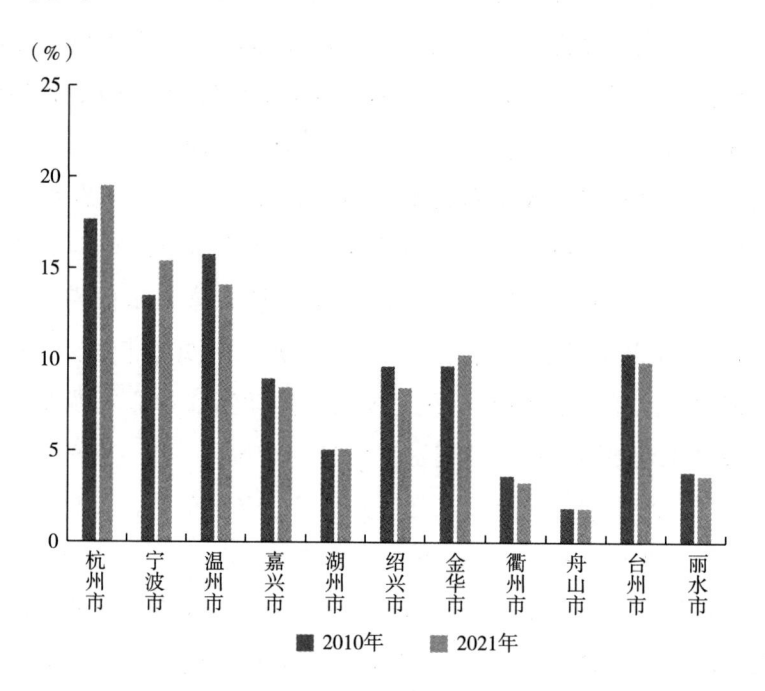

图2-2 分地区就业人员占全省就业人员的比重

资料来源：《浙江统计年鉴2021》。

第四，老龄化导致近些年就业人口增速放缓。按照16—59岁劳动年龄统计口径，2020年全省就业人口占总劳动年龄人口的比重为65.26%，比2010年下降5.87个百分点。其中，男性劳动参与率为75.01%，下降5.01个百分点；女性劳动参与率为54.58%，下降7.38个百分点②。随着人口老龄化的逐步加深，加上年轻人受教育年限逐步加长，就业人口在总人口中的比重（即就业人口比）进一步

---

① 《浙江省各区县2022年上半年城镇人均居民收入状况，你家乡是多少？》，https://new.qq.com/rain/a/20220815A039ST00，2022年8月15日。

② 资料来源：《浙江统计年鉴2022》《浙江统计年鉴2011》。

下降。浙江省2020年16—59岁劳动年龄人口总量为4326.53万人，比2010年同口径人数增加418.71万人，增加人数比2000—2010年这一时期少345.92万人；劳动年龄人口占全部常住人口数的67.01%，比重较2010年降低4.79个百分点[①]。近十年，总人口增长了18.63%，但劳动年龄人口只增长了10.71%。由此可见，虽然浙江的劳动年龄人口仍呈增长状态，但增速明显放缓。预计今后10—20年，出生于20世纪六七十年代婴儿潮一代的人口逐步进入退休年龄，浙江劳动年龄人口增速将进一步放缓，占总人口的比重将进一步下降，同时还会面临劳动力短缺、深度老龄化等问题。

第三节　人口与就业互动发展态势

以人为核心的新型城镇化，是党的十八大以来党中央提出的城镇化战略新理念，也是解决"三农"问题、推进共同富裕的重要途径。无论是从产业分工、就业群体还是从空间地域，"三农"都是共同富裕的"短板"。浙江省以农业转移人口市民化为抓手推进新型城镇化，率先实现城乡共同富裕。《浙江统计年鉴2022》显示，2021年，浙江省人均生产总值达到11.3万元（按当年汇率计算为1.75万美元），是全国均值的1.4倍、世界平均水平的1.45倍，且远高于世界银行对高收入经济体定下的人均1.27万美元的标准线。2021年，浙江省城乡收入比1.94，较上年缩小0.02，城乡收入差距远低于全国2.50的平均水平。

一　产业结构和就业结构匹配度较高，城乡间和产业间的生产效率率先出现收敛

改革开放至今，浙江省实现从传统农业向轻工业、现代服务业为主的商业经济结构的转变。大量农业农村劳动力实现转移，农业劳

[①] 资料来源：《浙江统计年鉴2022》《浙江统计年鉴2011》。

动生产效率大幅度提升。《浙江统计年鉴2022》显示,1985—2021年,第一产业在浙江省总产值中的比重从38.06%迅速下滑到3.00%,年均降幅达到0.97%。农业部门劳动力转移速度快于农业产值下降的速度,农业部门就业规模从1985年的1273.25万人下降到2021年的206.00万人,年均降幅达到2.30%。农业劳动生产效率从1985年的972.94元,提高到2021年的107237.38元,年均增速达到303.40%。城乡产业效率趋同,加速缩小城乡收入差距。

第一,农业部门劳动生产效率增速明显,农业部门和非农部门的劳动生产效率差异大幅度缩减。农业向工业转型的二元结构理论,其核心表达的要义是:农村农业人口和劳动力向城市工商业迁移和流动,是一个不发达国家向发达国家迈进的过程中,经济增长和发展的重要来源。并且,迁移和流动速度越快,促进经济增长的动能就越大;反之,城市工商业人口和劳动力向农村农业流动,将成为经济增长速度下行的压力。在人口向城镇流动的过程中,农业也逐渐向第二、第三产业延伸,不断扩大农村地区的非农就业机会,不断缩小农业与非农部门劳动生产效率差距,缩小城乡差距。梳理浙江省农业和工商业部门的发展路径,可以清晰地看到,浙江省政府加大对民营主体发展的支持,尤其是"小微企业三年成长计划",极大地推动非农经济部门规模扩大,创造大量就业,吸引农村劳动力持续转移。到2020年,浙江省农业部门劳动生产效率达到非农部门的61.0%,远高于全国25.3%的水平(见图2-3)。按照各省农业与非农生产效率进行排序,浙江省农业和非农生产之间效率差距最小,农业转移效果最佳。

第二,分产业就业结构与产业结构的匹配度进一步提高,推动城乡区域发展平衡。2020年,我国第二产业和第三产业的劳动生产效率分别是第一产业的4.1倍和3.5倍。而浙江省的第二产业、第三产业与农业的生产效率之比分别为1.7和1.9。相较于全国,浙江省三大产业间的劳动生产效率差距较小(见图2-4)。《浙江统计年鉴

2022》数据显示，2021年，浙江省农业就业人口总量为206万人，占就业人口总量的5.3%；对应农业生产总值为2209亿元，占地区生产总值的3.3%。就业构成和产值构成非常匹配，根据产业发展理论，当产业结构和就业结构高度匹配时，各产业间劳动收入差距也将呈缩小态势。

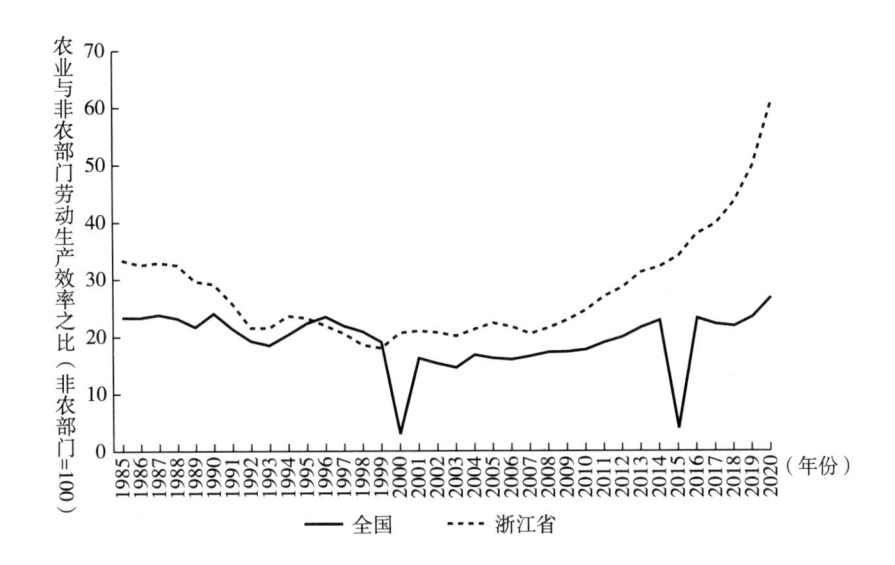

图2-3 1985—2020年浙江省农业与非农部门劳动生产效率之比

资料来源：《浙江统计年鉴2021》《中国统计年鉴2021》。

第三，民营经济促进当地农业非农产业和非农就业结构进一步优化。2021年浙江民营经济增加值达49200亿元，较2016年规模扩大50%以上；民营经济占GDP的比重达到67%，对浙江省经济的发展起着举足轻重的作用。据统计[①]，2016—2021年，民营经济增加值现价年均增长9.8%，比同期GDP现价增速高0.6个百分点。其中，规模以上工业中，民营企业增加值为14070亿元，比上年增长13.3%，

[①] 浙江省统计局：《浙江省第十四次党代会以来经济社会发展成就之民营经济篇》，http://tjj.zj.gov.cn/art/2022/5/5/art_1229129214_4920185.html，2022年5月5日。

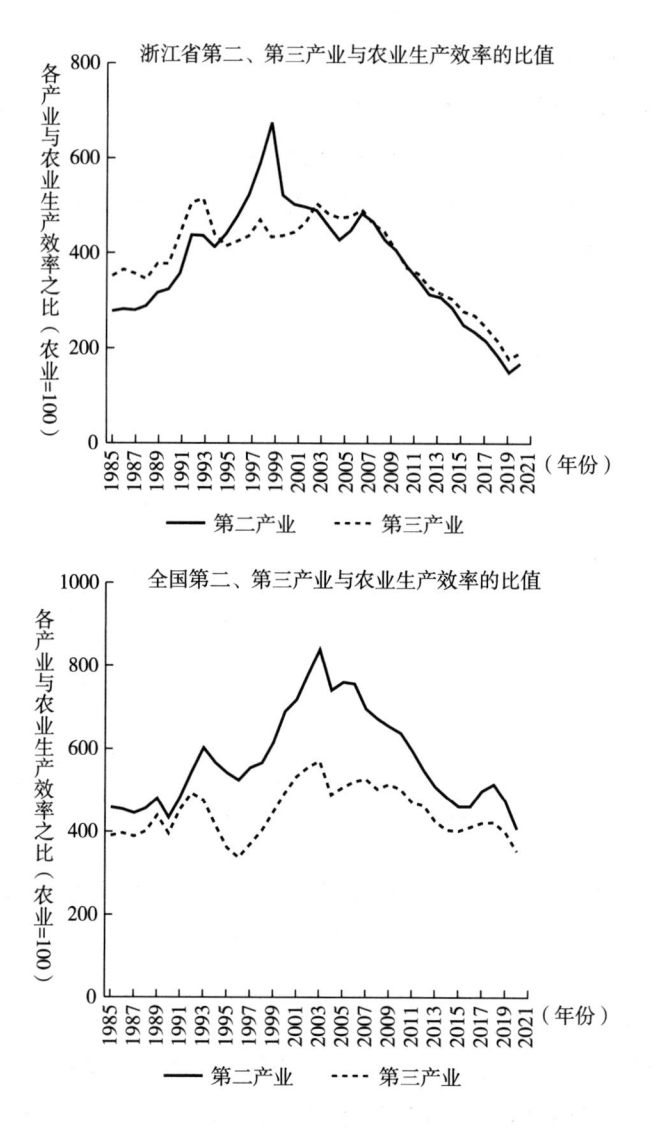

图 2-4　1985—2020 年浙江省和全国各产业与农业生产效率之比

资料来源：《浙江统计年鉴 2021》《中国统计年鉴 2021》。

增速高于规模以上工业 0.4 个百分点，增加值占规模以上工业的 69.5%，比上年提高 1.3 个百分点。分产业来看，民营经济结构呈现"三二一"发展格局，2020 年，第三产业内民营经济增加值占其本行业的比重均在 85% 以上。随着经济的发展、产业结构的调整，浙江民营经济正逐步从传统领域向新兴领域拓展。2020年,信息传输、软件和信息技术服务业,金融业中的民营经济增加值比上年分别增长19.4%和14.4%,大大快于第三产业和浙江省民营经济的发展。民营企业在带动产业结构优化的同时,也有效促进浙江就业结构的优化。非国有集体经济的就业人员逐渐增加。到2021年浙江省在非国有集体经济中就业人员规模达到797.2万人,占全省就业人口总量的77.06%(见图2-5)。按照农业部门就业占全部就业的5.3%,农村就业规模占就业总规模的27.3%进行对比,可以清晰地看到,浙江省农村劳动力非农就业比例高达80.6%,且主要集中在民营企业。

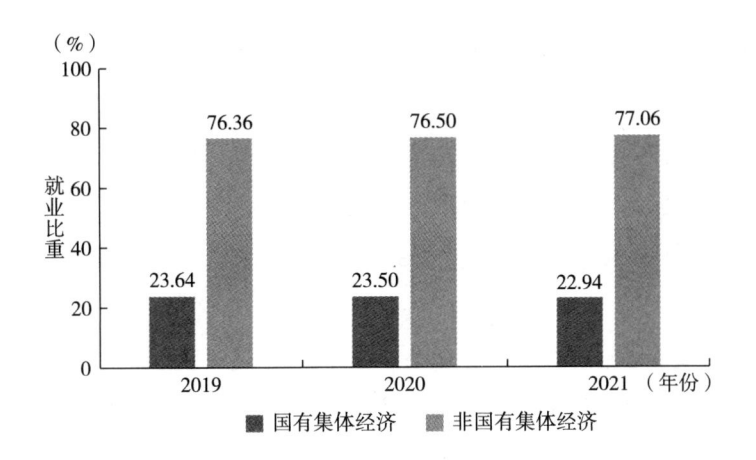

图2-5 近些年浙江省国有集体经济和非国有集体经济的就业结构变动

资料来源:《浙江统计年鉴2021》《中国统计年鉴2021》。

二 浙江省城乡人口分布进一步优化,且人力资本水平大幅度提高

城乡人口合理分布有效促进县域内经济高质量平衡发展。2021年,浙江省常住人口总量达到6540万人,较上一年增长72万人,增幅全国排名第一;全省城镇化率已经达到了72.17%,人口吸纳能力

居于全国前列。回顾过去十年人口变化趋势，可以清晰地看到，人口流入是支持浙江经济增长和城乡区域平衡的重要成因。

第一，人口流入推动浙江省进入高级城镇化发展阶段。从浙江省内各地级市常住和户籍人口比来看，2021年，义乌常住户籍比高达2.0，慈溪、余姚、海宁、永康等市超过1.5，这些地级市城镇化率已经达到80%以上，进入高级城镇化发展阶段。结合所属地级市的经济就业结构来看，这些县市集中在金华、宁波、嘉兴三地，其发达的民营经济带来了大量的工作机会，使得这些县市对外地人具有很大的吸引力。值得注意的是，县市之间并非依赖产业集群的经济溢出效益，而是通过民营经济走出了自身独立发展的优势之路，比如，义乌小商品批发，慈溪青瓷、家电生产，产品品牌确立，并行销全球，产品产值和就业吸纳能力均位于全国前列。

第二，浙江县域城镇化发展潜力高，吸引人口持续流入。2021年各省公布的最新人口数据显示，浙江省新增人口超过广东省。2021年年末，广东常住人口12684万人，比上年增加60万人。而浙江截至2021年较上一年增加72万人。浙江省人口增量的增加显示出其人口吸引力的增强。这背后的原因是民营经济活跃，县域吸纳人口能力增强。2020年第七次人口普查数据显示，浙江省有23个区县的人口总量超过百万。具体分布情况是，杭州6个（萧山、余杭、上城、拱墅、西湖、临平），宁波4个（海曙区、鄞州区、余姚市、慈溪市），温州3个（鹿城区、瑞安市、乐清市），绍兴3个（越城区、柯桥区、诸暨市），嘉兴2个（海宁市、桐乡市），台州2个（临海市、温岭市），金华2个（义乌市、东阳市），湖州1个（吴兴区）。其中，人口最多的是义乌市，有186.24万人，其次是慈溪市，有183.30万人。比较第六次和第七次人口普查的数据可以看到，人口最少的嵊泗县在这一时期，人口总量基本保持稳定，但义乌、金华等地区的人口在不断流入。其中，义乌市全市常住人口186.24万人，与2010年第六次人口普查的123.40万人相比，共增加62.8万余人,增长超过50%;景宁县2010年第六次人口普查数字为107106人,目前为11.10万人,共增加约3900人,增长3.65%。

第三,人口流入进一步推动浙江省人力资本水平快速提高。从历次人口普查来看,浙江省常住人口中具有高中及以上受教育程度人口的占比已经从1964年的1.4%提高到2020年的31.5%。从历史数据看,人口流入改变了浙江省人力资本水平低于全国的状况,并在2020年实现了大超越。1990年及以前,浙江省具有高中及以上受教育程度人口的比重低于全国,比如,在1964年比全国低1.1个百分点,在1982年与全国的差距扩大到1.6个百分点,到1990年,浙江省具有高中及以上受教育程度人口的占比仍比全国低0.1个百分点。1990年民营经济迎来高速发展期,浙江省外来人口持续增加,到2020年全省常住人口中具有高中及以上受教育程度人口的占比高达31.5%,比全国高出9.9个百分点(见图2-6),在全国人力资本排名中也靠前。

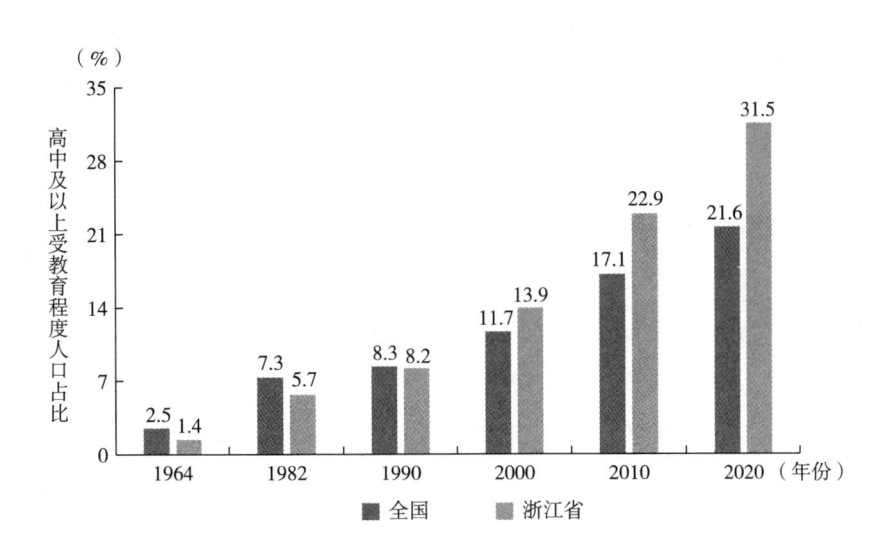

图2-6 全国和浙江省常住人口中具有高中及以上受教育程度人口变动情况

资料来源:《浙江统计年鉴2021》《中国统计年鉴2021》。

第四节　推动人口和就业匹配的浙江共富之路探索

中国式现代化是区域协同发展、人与自然和谐的现代化。在过去城镇化发展实践中，农村长期以来都是城市发展汲取要素的资源池。农村的凋敝和城市五光十色形成强烈反差，在我国很多地区都非常普遍。然而，浙江却保持了乡村的生态和经济的增长。截至2020年，浙江的常住人口城镇化率达72%，城镇居民人均可支配收入62699元，农村居民人均可支配收入31930元，城乡收入比为1.96，远低于全国的2.56，并且是自1993年以来首次降至2以内，已连续8年呈缩小态势。① 总结发展经验主要有以下几点。

第一，"块状经济"推动农村非农产业化发展。城乡收入差距本质在于产业差距。产业差距主要受五方面的影响：经济发展阶段、国家产业政策和战略布局、要素禀赋的地理分布、工业化战略以及人口劳动力资源。新中国成立，国际环境不友好，基于备战和保护本国经济基础的考虑，国家进行西南三线建设，浙江省靠海，多河流，国家对浙江的重工业投入并不多，加之本地农业生产条件限制，浙江省经济以手工业等轻工业为主，各县域块状经济发展。改革开放极大地激发劳动力迁移的积极性和非农生产的积极性，浙江省呈块状的农村小工业集群开始出现，区域产业特色开始突出。比如，温州衣服、鞋、眼镜、打火机，嘉兴木条、羊毛衫，宁波的皮革，等等。浙江省县域和乡镇经济的活跃，使得其城镇化以县域为关键节点，加快农村人口向城镇集聚。2022年全国百强县榜单上，浙江省有18个县上榜②。从发展质量上看，浙江属"头部阵营"，慈溪、

---

① 资料来源：《浙江统计年鉴2021》。
② 赛迪顾问县域经济研究中心：《2022年中国县域投资竞争力百强研究报告》，2022年11月。

义乌、诸暨、余姚、海宁、温岭、乐清、瑞安分别位列第6、第11、第12、第13、第15、第16、第19和第20，总数比上一年多了1个，瑞安首次挤入前20。这种县域经济强劲的态势，是浙江选择县域城镇化路径的结果。这是浙江与其他很多省份集中发展大城市的城镇化路径最大的差异所在。在发展县域经济的同时，地方政府允许农民利用自家庭院和房前屋后开展各类创业增收。到21世纪，浙江山区和近郊乡村以乡村旅游的形式服务城市，同步享受增长果实，实现了城市反哺乡村的战略目标。

第二，"藏富于民"是缩小地区收入差距的根本所在。按劳分配是中国特色社会主义分配制度的基础。马克思在《哥达纲领批判》中阐明了在社会主义社会中必须实行按劳分配原则。列宁在《无产阶级在我国革命中的任务》一文中指出：人类从资本主义只能直接过渡到社会主义，即过渡到生产资料公有和按劳分配。1958年，毛主席在《关于人民公社若干问题的决议》中也指出：社会主义的原则是"各尽所能，按劳分配"。1962年，毛主席在《农村人民公社工作条例修正草案》中又指出：人民公社的集体所有制经济是社会主义经济的一种形式。它在一个很长的历史时期内，实行各尽所能、按劳分配、多劳多得、不劳动者不得食的原则。

共同富裕不是均贫富，而是以鼓励能者多劳、多劳多得为基础，提高中低收入群体生活水平。这是社会各界在中国特色社会主义建设探索中达成的共识。所以，共同富裕、缩小收入差距的关键不在于"限高"，而在于扩大中等收入群体，为低收入群体进行社会托底。基于此，浙江省在不同历史时期和不同地域，采取多样做法，让利于民，藏富于民。对农村居民而言，要做到藏富，就需要加快农村地区的非农产业发展，提高经济获得。早在20世纪80—90年代，浙江省就支持农民在自家庭院和乡村从事小工业以获取非农收益。进入21世纪以来，乡村旅游成为农民增收致富的重要途径，其所获利润的真正来源，是将宅基地从生活资料无偿转化为生产资料产生的地租收益。如同当年鼓励农民开展各类小工业作坊一般，浙江在此方面给予了农民广阔的空间。浙江省土地资源并不充足，传统农业生产不足以维持生计。在鼓励非农经济发展的同时，也加大农业高附加值产品生产，比如花卉、果木等。脱胎于农业和传统手工业的非农经济成为偏远地区农民增收的重要来源。因此，浙江省鼓励村民流动，从原始的走街串巷逐渐发展成为商业网络。由此可见，顺民生活之所需，鼓励民众自发研究市场，改善生活条件，是浙江省发展实践的重要经验总结。

第五节　人口老龄化时代浙江推进共同富裕的思考

共同富裕是一个长期发展目标。经过几十年市场化发展，浙江省当前已经形成良好的城乡关系和县域经济。浙江在全国百强县榜单上的排名非常亮眼，这与其产业基础良好、营商环境优越等息息相关。不过，值得注意的是，浙江也存在区域分布不平衡等问题。2022年浙江有5个县区排位出现了下滑，其中，台州玉环较上一年下滑6位，位于百强县排名的第72位[①]。在高质量发展建设共同富裕示范区的主旋律下，在人口老龄化日益加重的情况下，如何实现城乡一体化发展、解决区域内发展不平稳问题，已成为当前及未来一段时期内浙江的新命题。

第一，积极应对老龄化对推动共同富裕新征程的现实挑战。建立健全老年群体共同富裕的政策体系。这从侧面反映出，在经济活跃地区，老年人依赖财政负担的比例相对较小。对于这样一个市场化程度较高、经济活跃的地区，浙江省养老服务供给和养老保障待遇距离共同富裕要求还有不小差距。老年群体经济脆弱性始终存在、

---

① 赛迪顾问县域经济研究中心：《2022年中国县域投资竞争力百强研究报告》，2022年11月。

普惠型养老服务供给不足、养老服务资源配置不均等问题，都是制约老年群体共同富裕的现实障碍。因此，扎实推进老年群体共同富裕，要从养老服务供给和制度约束方面入手，系统推进相关政策体系建设。夯实居家社区养老服务供给，加快建设县（区）域养老服务体系，提升居家社区养老服务综合能力，引导医养结合等专业机构向社区延伸服务；加快推进基本养老服务清单制度落地，稳定社会预期，满足老年人养老服务基本需求；推进养老机构能力提升，规范引领机构发展，提升医养结合能力，优化区域内机构养老服务的结构、运营和功能。引导适老事业产业发展，树立积极老龄观和健康老龄化理念，促进老年社会参与，开发培育老年人力资源，推进老龄产业健康发展；培育敬老爱老社会氛围，引导家庭继续发挥养老的基础性作用，为老年群体共同富裕政策体系建设提供坚实支撑。

第二，鼓励民营经济扩大社会中产群体。2020年第七次人口普查数据显示，浙江省拥有大学（指大专及以上）文化程度的人口为31.55%，比全国人力资本水平高。浙江省有中产阶级群众基础，具体有高校毕业生、技术工人、进城农民工、中小企业主和个体工商户等。浙江可以通过差异化政策措施精准推动其有效增加收入。对于高校毕业生，他们找工作压力大，要帮助他们尽快适应社会发展需要，实现学有专长、学有所用；对于技术工人，要保障劳工权益，提高他们的工资待遇；对于中小企业主和个体工商户，要采取务实有效措施，降低生产经营成本，稳定经营，助力他们持续增收；对于进城农民工，要提供稳定就业、向上发展的通道；对于农村居民，扩大收入来源，提供稳定的非农就业渠道，稳定非农经营。

第三，健全社会保障制度，适应新技术下劳动力市场新变化。第七次人口普查数据显示，对于浙江因丧失工作能力而未工作的人群，67.50%的生活来源是家庭供养，而依靠最低生活保障金生活的仅占18.95%。建议进一步推进覆盖全民、城乡统筹、权责清晰、保障适度、可持续的多层次社会保障体系。统筹推进城乡居民养老、医疗与最低生活保障制度，努力实现城乡社会保障制度在筹资机制、待遇保障、经办管理等方面的全面统筹；建立均等化、可持续、流动性强的社会保障体系，缩小区域差距；在完善基本社会保障制度的基础上建立健全多层次社会保障体系，强化各类社会保障和救助制度之间的互补和协调。

第三章　人口老龄化趋势下浙江公共服务配置研究

　　进入21世纪以来浙江省人口老龄化速度明显加快，老年人口数量和比例都在不断提高，人口老龄化对浙江省经济和社会发展带来不小的影响。建设高质量的基本公共服务供给体系事关民生福祉，也是走向共同富裕的必然要求，在当前老龄化快速发展的背景下更是尤为重要。目前浙江省养老公共服务建设也面临着新的形势，省内老龄化进程处于加速发展阶段，服务对象明显扩大，随之而来的是高龄老人数量增加，相应的专业化照护需求明显增多，随着网络技术的渗透，"互联网+养老"运用场景也将越来越丰富。在新形势下，浙江省实施积极应对人口老龄化国家战略，着眼建设居家社区机构相协调、医养康养相结合的养老服务体系，强化养老公共服务人才队伍供给，推动互联网技术应用服务于养老事业。浙江省在养老公共服务方面的探索也暴露出目前存在的一些不足之处，同时在实践中也逐渐明确未来养老公共服务建设的重点方向。未来，浙江省目标建设具有浙江特色的现代化养老服务体系，打造与建设共同富裕示范区相适应的幸福颐养"重要窗口"。

第一节 浙江人口老龄化现状和特点

一 浙江人口老龄化现状

按常住人口统计,根据浙江省第七次人口普查数据,2020年浙江省常住人口为6456.76万人,其中60岁及以上老年人口1207.27万人,占总人口的比重为18.70%,接近全国平均水平;65岁及以上老年人口856.63万人,占比达到13.27%,略低于全国平均水平(全国平均水平为13.50%);80岁及以上老年人口175.31万人,占2.72%。按照国际通行划分标准,当一个国家或地区65岁及以上人口占比超过7%时,意味着进入老龄化社会,达到14%进入深度老龄化社会,超过20%则进入超老龄化社会。按照这个标准,浙江省早在2000年就已经进入老龄化社会,2020年时已濒临深度老龄化。同各省(自治区、直辖市)相比,浙江省老龄化程度排在全国第17位,和北京的老龄化程度接近(2020年北京65岁及以上人口比重为13.30%),这跟浙江地处东南沿海,是人口净流入地区有很大关系。①

如果按户籍人口统计,浙江省早在1987年就已经进入老龄化社会。截至2020年年末,浙江省60岁及以上户籍老年人口1187.52万人,占总人口的23.43%;65岁及以上户籍老年人口852.14万人,占总人口的16.81%。② 由于浙江是人口净流入地区,按户籍人口计算的老龄化程度显著高于按常住人口统计的老龄化程度。

二 浙江人口老龄化变化趋势

由于医疗卫生水平提高、人均预期寿命延长和人口政策等多重因素叠加影响,近年来我国人口老龄化水平显著提高,2020年我国65

---

① 与2010年第六次人口普查相比,2020年第七次人口普查时,浙江省人户分离人口增加了1020.70万人,增长51.29%。
② 资料来源:《浙江省人口普查年鉴2020》。

岁及以上老年人口数量超过1.9亿人，占总人口比重达13.50%，相较于2010年增加了4.58个百分点。21世纪以来，浙江省人口老龄化水平也同样呈现出上升趋势。从图3-1中可以看出，浙江省人口老龄化程度的上升主要发生在近十年。2010—2020年，浙江省65岁及以上老年人口总数从508.17万人增长到856.63万人，净增348.46万人，年均增长5.36%；80岁及以上的高龄老人总数从107.3万人增长到175.31万人，净增约68万人，年均增长5.03%。① 但整体来看，近十年来浙江省人口老龄化上升速度略低于全国水平。具体而言，2000年，浙江省65岁及以上老年人口比重高于全国平均水平1.82个百分点，2010年浙江省65岁及以上老年人口比重高于全国平均水平0.42个百分点，差距在大幅缩小，而到了2020年，浙江省老龄化程度已经略低于全国平均水平（见图3-1）。从人均预期寿命看，2020年浙江省人均预期寿命为80.2岁，超过全国平均水平2.3岁，相较于2010年人均预期寿命提高了1岁，相较于2000年提高了5.5岁。②

三 浙江省人口老龄化地域分布特点

分城乡看，浙江省农村地区人口老龄化程度远高于城镇地区，面临的养老服务压力更大。第七次人口普查数据显示，2020年浙江省城镇地区65岁及以上老年人口占比为10.3%，而农村地区这一比重则高达20.9%，是城镇地区的两倍多，已经进入超老龄化社会；农村地区80岁及以上老年人口占比为4.4%，也远高于城市地区2.0%的水平。这与浙江省域内人口持续从农村向城镇流动集聚有关③。显然，浙江省农村地区的养老公共服务配置面临较大挑战。

---

① 资料来源：《浙江省人口普查年鉴2020》。
② 资料来源：《浙江省人口普查年鉴2020》。
③ 与2010年第六次人口普查相比，2020年第七次人口普查时，浙江省城镇人口增加1304.83万人，乡村人口减少290.76万人，城镇人口比重上升10.55个百分点。

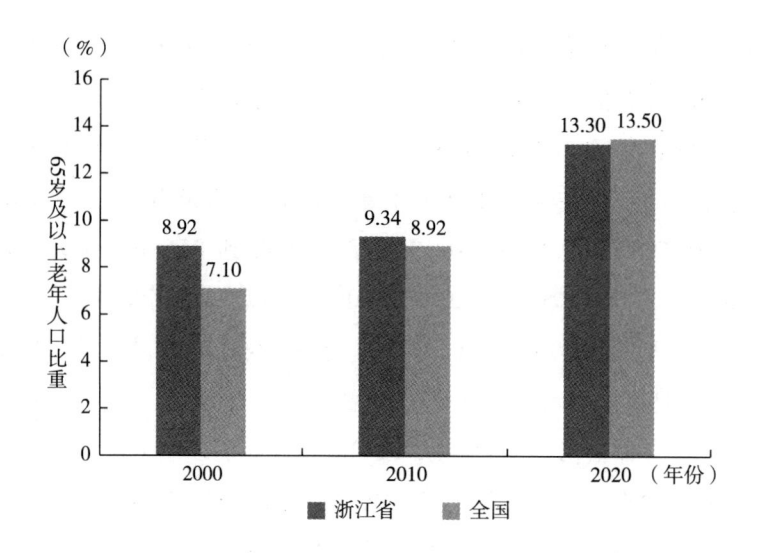

图3-1　全国和浙江省65岁及以上老年人口比重

资料来源：根据《浙江省第七次人口普查主要数据公报》中数据绘制。

分地级市来看，浙江省各地级市人口老龄化水平差异较大（见图3-2）。2020年，老龄化程度居全省前3位的衢州市、舟山市、绍兴市，65岁及以上老年人口占比分别为18.5%、17.1%和16.2%，老龄化程度较低的金华市、杭州市、温州市65岁及以上老年人口占比则分别为11.6%、11.7%和11.7%。全省11个地级市中有6个地级市65岁及以上老年人口占比达到或超过14%，说明浙江省超过一半的地级市已进入深度老龄化社会。

浙江省各地级市人口老龄化程度差异和各地级市人口流入流出状况有关。2020年净流入人口较多的城市，如杭州市、宁波市、金华市，其人口老龄化水平也相对较低。从变化趋势看，浙江省各地级市人口老龄化程度的上升主要发生在近十年。2000—2010年，各地级市城镇地区老年人口比例上升不明显，部分地级市还出现了占比下降，而各地级市农村地区都出现了一定程度的上升。自2010年以来，各地级市农村和城镇地区65岁及以上老年人口占比都在显著上升（见图3-3和图3-4）。

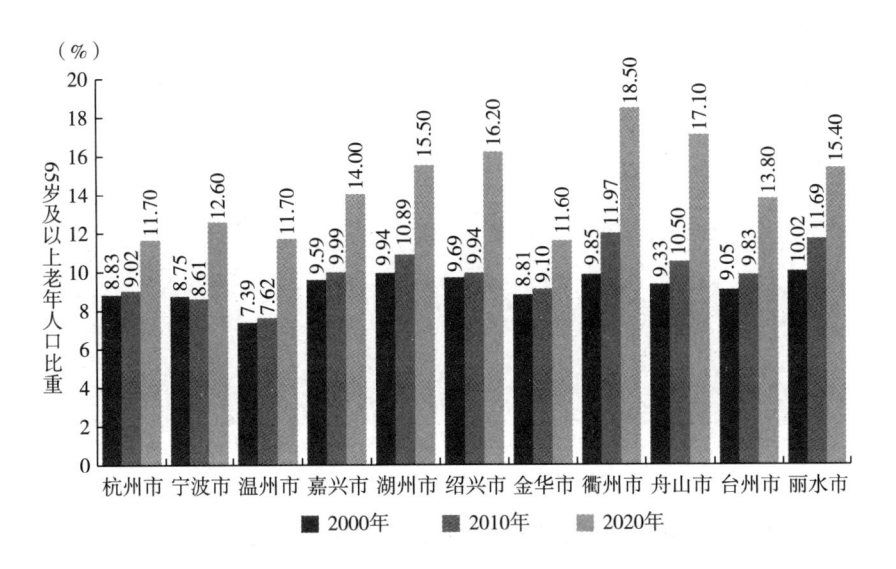

图 3-2　浙江省各地级市 65 岁及以上老年人口比重

资料来源：根据《浙江省人口普查年鉴 2020》数据整理绘制。

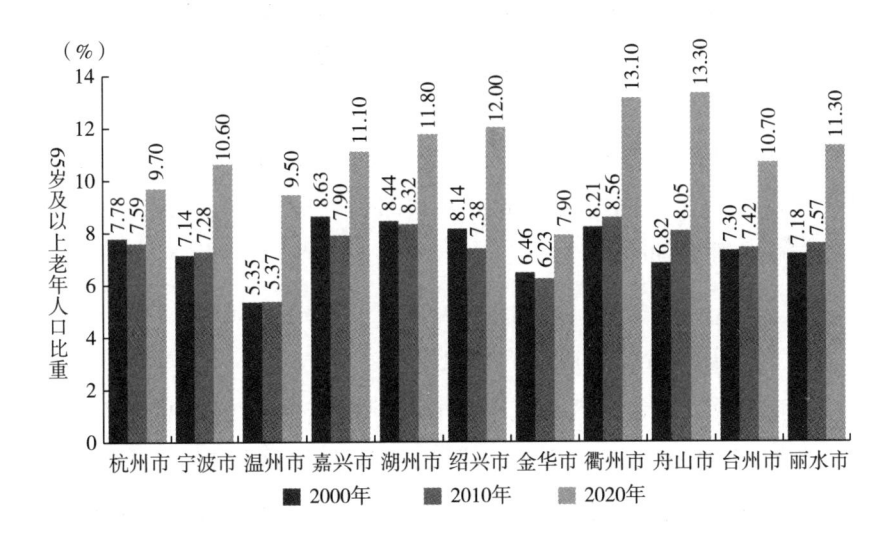

图 3-3　浙江省各地级市城镇地区 65 岁及以上老年人口比重

资料来源：根据《浙江省人口普查年鉴 2020》数据整理绘制。

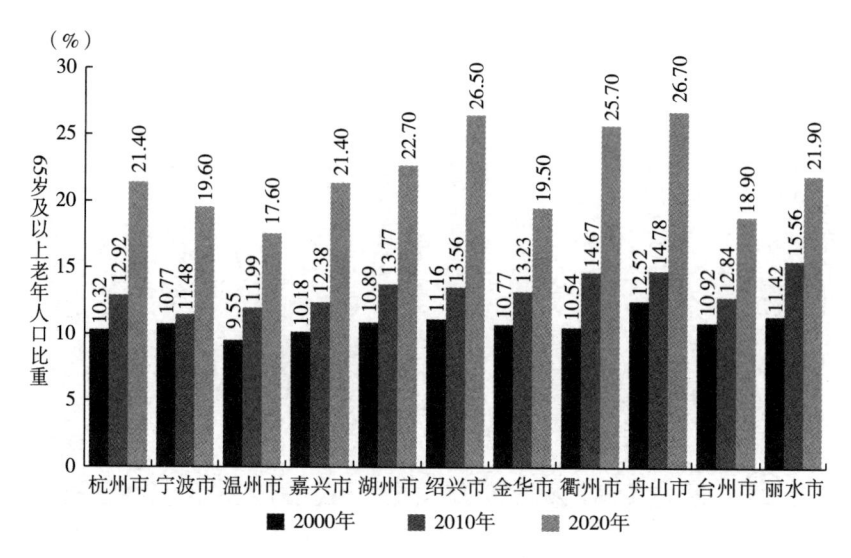

图 3-4　浙江省各地级市农村地区 65 岁及以上老年人口比重

资料来源：根据《浙江省人口普查年鉴 2020》数据整理绘制。

第二节　浙江养老公共服务配置现状、问题和难点

在浙江省共同富裕示范区建设过程中，如何建立适应本省经济发展水平和人口老龄化加速到来的现状的公共服务体系，在当下及未来具有非常重要的意义。

一　浙江养老公共服务建设现状

一般来说，城镇地区相较于农村地区具有更好的公共服务配置，在养老服务方面也拥有更多资源。浙江省整体城镇化水平较高，2020 年全省城镇化率为 72.17%，超出全国平均水平 8.28 个百分点，浙江省 11 个地级市中有 6 个地级市的城镇化率超过 70%，其中杭州市城镇化率高达 83.3%。① 从数据上看，城镇化率水平较高地区

---

① 资料来源：《浙江统计年鉴 2021》。

的人口老龄化程度也相对较低，这跟人口"乡—城流动"的年龄结构有关。因为随着人口结构变化，1980年及以后出生的新生代流动人口逐渐替代老一代流动人口，成为产业工人的中坚力量和新市民的主体①。

医疗卫生服务是基本公共服务的一个重要方面，也与养老服务息息相关，毕竟老年人口的很大一部分需求是医护需求。一个地区的医疗卫生水平在一定程度上可以反映当地老年医疗服务和医养结合水平。从人均卫生技术人员数量看，浙江省每千人卫生技术人员数量为8.47人，高于全国平均水平的7.55人，但各个地级市差距较大，最高的杭州市为11.22人，最低的金华市只有7.19人。而从医疗床位数看，浙江省每千人医疗卫生机构床位数仅为5.59张，低于全国平均水平的6.47张，且城乡之间差距较大。②

一个地区养老服务设施的建设水平，直接反映了该地区在人口老龄化趋势下的公共服务配置情况。2020年浙江省共有各类养老服务机构2299家，养老服务床位45.46万张，其中民办养老机构占比近七成。浙江省每千名老年人口拥有社会养老服务床位53张，其中养老机构护理型床位占比为53.23%，"十四五"时期浙江省计划将这一指标提升至58%。分地区看，浙江省11个地级市中，宁波市的养老机构护理型床位占养老服务床位的比重最高，达56%。截至2020年年末，浙江省设立老年医学科的二级及以上综合性医院占比为59%，已经接近"十四五"时期60%的目标，有6个地级市的这一项指标已经超过60%，其中最高的绍兴市达到88%，最低的舟山市仅为27%。全省累计建成乡镇（街道）居家养老服务中心1105家，覆盖80.95%的乡镇（街道）。全省共有"两证"齐全的医养结合机构330家。

在老年人精神文化建设方面，截至2020年年末，浙江省共建立

---

① 周灵灵：《我国人口流动的核心特质及政策启示》，《开发研究》2019年第4期。
② 资料来源：浙江省卫生健康委员会。

老年电大和分校103所，老年开放大学（学院）101所，乡镇（街道）老年学校930所，老年大学（老干部大学）89所，老年体协2.83万个。在养老服务教育方面，2020年浙江省本科高校、职业院校养老服务相关专业招生规模为19735人。

二 浙江养老公共服务的主要问题和难点

（一）人口老龄化速度加快，养老公共服务面临的压力不断加重

近些年来浙江省老年人口快速增加，对养老、医疗等服务的需求也快速增长，同时社会对于老年人的精神文化生活和适老环境建设也越来越重视，因此浙江省所面临的社会保障和高质量老年公共服务的供给压力也显著增大。浙江省又是人口流动大省，大量流动人口也对保障常住老年人口享有更好的养老公共服务提出了更高的要求。随着时间的推移，独生子女一代的父母即将进入老年期，家庭养老的负担将更重，社会对于机构养老、社区养老等其他养老方式的需求也会更加迫切，这些都对浙江省当前养老服务体系的建设提出了更高的要求。

（二）城乡和区域间养老公共服务建设发展不平衡

浙江省经济实力较强，其整体养老公共服务建设在全国也处于领先水平，但目前还存在城乡、区域之间发展不平衡的问题。整体来看，城镇老年公共服务建设水平较高，老龄事业发展也较好，而广大农村地区老年公共服务仍落后于城镇。从老龄人口占比的城乡差异可以看出，农村地区人口老龄化程度远高于城市，人口老龄化速度也更快。农村地区虽然老年人口绝对数量相对较少，但是老年人口占比却远高于城镇，高度老龄化的人口结构使得农村地区养老公共服务供给面临着更加严峻的挑战，需要得到更多重视和资源倾斜。分区域来看，浙江省各地级市之间也存在养老公共服务建设不均衡的情况。杭州市、宁波市、温州市等经济发达城市的养老服务体系建设也更为完善，但这些地区老年人口密度在全省处于相对较低的水平，老年人口密度最高的衢州市、舟山市、绍兴市的养老公共服务建设水平还有待大幅提升。

（三）如何发展高质量的老龄事业有待进一步探索

养老公共服务的发展目的在于提高老年人的生活质量，不只包含更好地满足老年人需求，还要强调老年人人生价值的实现。老年人是社会的财富，帮助老年人更好更便捷地参与社会活动、贡献自己的价值是提升老年人生活质量的重要一环，同时也是老龄事业高质量健康发展的必由之路。在未来要鼓励爱老敬老的良好风气建设，继续完善相关老龄产业政策体系，发展好利用好"银发经济"，为老年人享受丰富多样的老年生活提供更多机会。

第三节 浙江推进养老公共服务均衡配置的实践探索及不足

一 浙江推进养老公共服务均衡配置的实践探索

浙江省养老公共服务建设起步较早，并且积极响应国家应对人口老龄化的战略部署，在"十三五"时期基本建成了"以居家为基础、社区为依托、机构为补充、医养相结合"的养老服务体系。当前浙江省养老公共服务建设的各项任务持续良好推进，主要指标位居全国前列，连续两年得到国务院督查激励。下面我们关注浙江省在推进养老公共服务均衡配置方面做出的一些实践探索。

（一）推进养老服务体系转型升级

浙江省从多个角度入手推进养老服务体系的转型升级。首先，从数量上增加养老服务的供给，进一步推进社区居家养老服务机构的建设，2021年杭州市共建设3154家城乡社区居家养老服照料中心①，温州市、衢州市分别建设2496家②、1534家③，各地级市居家养老服务中心建设基本能够覆盖本市全部社区。其次，提升居家养老服务照料中心的服务能力，大力发展助餐、助浴、助急、助医、助行、助洁等服务，进一步扩大助餐配送餐服务，开展专业的上门助老服务。湖州市打造的"中央食堂—照料中心—家庭"三级助餐配送网络已经能够覆盖全市近80%的村、社区；衢州市累计建成老年食堂290个，助餐点287个，覆盖面超过70%④。最后，积极鼓励社会力量参与养老事业，规范公建民营养老机构监管，促进社会组织、志愿者参与养老服务。杭州市街道（乡镇）级老年照料中心全部实现社会化运营，主城区老年食堂社会化运营比例超过50%；温州市发挥退休教师的社会作用，组建的"幸福学堂"已累计帮助600多名老年学员脱盲；湖州市借助社会组织力量开展助老服务，由政府买单为老年人提供上门助浴、家政、陪伴等服务。

（二）加快养老服务人才培养提升

首先，积极开展养老护理员培训工作，实施养老护理技能等级认定，提高养老服务人才数量，优化养老服务供给质量。杭州市以线上培训线下辅导相结合的形式开展养老护理员技能等级培训和第三方机构职业技能等级认定工作，2022年培养新增持证养老护理员1362人⑤，同时开展针对认知障碍照护的培训班，首期学员达280余人，涵盖全市各大养老机构从业人员⑥。湖州市建成6家养老护理员培训基地，2021年新增执证养老护理员1649人。宁波市2021年推

---

① https：//mdaily.hangzhou.com.cn/hzrb/2022/04/06/article_detail_1_20220406A075.html.
② https：//mp.weixin.qq.com/s?__biz=MzA4NTU4OTUzNA==&mid=2651052889&idx=1&sn=9af8344ab0e544ce904816371971a2bd&chksm=8422d028b355593ee06e0b6225f86928db6d81b62d19be795f3f789587c39bab7b6ae932b9972&scene=27.
③ https：//www.sohu.com/a/477994047_121124405.
④ https：//mp.weixin.qq.com/s?__biz=MzA5ODg1NDAyMQ==&mid=2651073817&idx=1&sn=05ef348fc6d38c43580a3a5aac1adf98&chksm=8b7bb8f3bc0c31e5d66cd9de516f1a1e7e75df16c0b342810f0cb230582808e43549b5918a58&scene=27.
⑤ https：//hznews.hangzhou.com.cn/chengshi/content/2022-11/12/content_8397901.htm.
⑥ https：//baijiahao.baidu.com/s?id=1748343522279591018&wfr=spider&for=pc.

行养老护理员职业技能等级认定试点工作,分等级培训全市养老照护服务从业人员,并为符合条件者发放职业技能培训补贴。其次,完善养老服务人才激励政策,增加养老服务行业从事人员的补贴。浙江省2021年出台《浙江省养老服务专业人员入职奖补办法》,为从事养老服务行业的毕业生提供入职奖补,相比于以前政策提高了补贴标准,扩大了补贴范围。杭州市对于城区内符合条件的持证护理员提供一次性奖励,2021年用于养老服务机构和养老服务人才的补助合计达到2109.8万元。最后,加强职校、高校养老服务人员队伍培育,引导、鼓励高校和中职学校养老服务相关专业毕业生从事养老服务工作。温州市通过产教联盟、校企合作的方式鼓励学生前往养老机构开展岗位实习,并且为市区老年服务与管理类专业毕业生提供入职奖补。绍兴市鼓励符合条件的各类院校开设养老护理相关专业,并为符合条件的养老服务相关专业的学生提供定向培养补助。

(三) 推行医养康养联合行动

首先,浙江省积极推动医疗康复资源进入养老服务领域,深化医养结合,构建健康预防、医疗、康复护理和生活照料一体化的养老服务体系,加速从被动照护到健康养老的转变。通过释放资金补助、打通配套政策、完善服务资源等举措,浙江建立起包括在养老机构中增设医疗服务、在医疗机构中提供养老服务、医疗机构养老机构协议合作等多种方式的医养结合服务模式。2021年年底,浙江全省设立医疗机构的医养结合型养老机构达224家,开展医养服务的医疗卫生机构达133家,医疗卫生机构与养老服务机构签约合作有1762对①,杭州、嘉兴、温州三市先后被确定为国家级医养结合试点单位。其次,整合康养服务资源,探索多层级的康养联合体建设模式,依托养老或康复机构,整合康复医师、康复治疗师、康复护士和护理员资源,为老年人提供个性化、专业化康复护理服务。杭州启动

---

① 窦瀚洋:《浙江:医养结合不断扩容》,《人民日报》2022年9月16日第15版。

紧密医养联合体试点工作，通过"医联体+"医养形式，建立起医疗机构与医养结合机构间的业务协作、双向转诊机制，目前已有 10 家市、县级医院与 33 家医养结合机构签订紧密医养联合体合作协议。最后，推动养老服务数字化改革，推进医疗信息和养老服务信息的深度对接，加快建设智慧康养设施。湖州市利用数字化技术搭建智慧养老体系，已经开始尝试使用健康数据为老年人建立高血压、糖尿病等慢性病的健康画像，并使用算法评估老人健康状况以进行分级管理。

（四）打造智慧养老服务平台

浙江省积极探索养老服务数字化改革升级，2020 年年底上线运行了全省统一的"浙里养"智慧养老服务平台，实现了养老政务服务办理的有序衔接和全省 80%养老资源静态数据的采集，目前"浙里养"2.0 版也正在持续推进中。该平台将利用物联网、大数据和人工智能等技术，构建"1+5+N"总体框架，打造养老服务数据库，实现了一个平台提供养老服务供给，一组数据掌控养老服务态势，一部手机通办养老服务业务，一张地图展示养老服务资源，一套算法协助养老智能决策。并且，其可以链接各地个性化养老服务平台，对接养老服务市场主体服务平台，为老年人及其家属、养老服务机构、从业人员和各级涉老政府部门用户，提供养老政务服务、社会服务、公益服务。

（五）打造专业养老产业平台

浙江省积极推进"养老产业园"建设，引进养老服务企业，集聚老年产品用品企业，实施优惠政策，减轻企业成本，推进养老服务和产品用品市场发展。积极鼓励引导社会力量发展养老产业，加大对民办养老产业的财政投入和扶持力度。同时，推动建设有养老特色的产业园区，聚集养老服务企业，扶持老年产品用品研发制造，开发产品销售网络平台，配套优惠政策，形成集聚规模效应。除此之外，浙江省积极培育打造特色养老服务品牌，推动养老服务业的快速、有序发展。2022年浙江省杭州市顺利举办浙江国际养老服务业成果展示交易会，吸引多国企业参展。

二 浙江推进养老公共服务均衡配置存在的不足

浙江省在养老公共服务建设方面做出很多探索，在实践中这些探索也反映出当前存在的一些不足之处。不同于浙江省养老公共服务在宏观层面上体现出来的问题和难点，这些不足更多是各种实践探索过程中显露出来的问题。这些缺陷和不足正是浙江省在未来养老公共服务建设工作中尤其需要注意和改进的地方。

（一）养老人才短缺制约了养老公共服务工作的开展

养老公共服务中很大一部分内容属于服务业领域，其开展和实施都需要人来推动。目前从浙江省整体来看，养老服务人员较为短缺，并且年龄结构上表现出高龄化的特点。以杭州市为例，某社会福利中心的护理员年龄大都在50岁以上，年轻人参与此类工作的意愿仍然较低。养老服务行业对年轻人吸引力低的原因主要有工资水平较低、社会认可度不高、相比于所学内容相同的医护行业缺乏上升渠道和空间等。缺少年轻人意味着缺少经过专业培训的服务人才，直接导致服务质量难以提升，无法提供更加专业化的养老服务。除了养老机构缺少养老服务人才，基层行政部门也存在缺少相关养老专业人才和行政人员人手不足的问题，这也对养老工作的开展和规划造成了很大影响。在医疗方面，基层全科医生的缺乏也是很大的问题。当前农村卫生室的医生普遍已经年龄偏高，在此方面后继人才的引进和培养面临着很大压力。

（二）养老服务和设施供需之间存在不匹配现象

浙江省养老公共服务建设在多个方面存在供需不匹配的现象，资源投入没有得到充分利用。首先，这表现在城乡之间养老机构的供需不平衡，城乡养老机构设置存在不合理的现象。浙江省城市地区养老公共服务建设起步早，养老机构建设时间也较早，时至今日很多已经相对老旧，但是仍然出现一床难求的情况。而在乡镇地区的养老设施建设起步较晚，很多养老机构都是近些年新建成的，条件相对城市地区好很多。但是，更好的养老机构在乡镇却一人难求，农村地区老人因为传统观念等原因入住养老机构的意愿低。其次，浙江省养老事业的社会化运营出现供需不匹配现象。

（三）保障力量仍存在不足，基层财政压力大

在实践中发现浙江尽管对于养老公共服务方面提供了大量保障措施，但是目前仍然存在某些方面的政策缺位。首先，在养老机构的监督管理方面相关政策还不够健全，缺少相关管理条例以及监督机制，部分地区因为缺少管理而出现收费过高和服务质量参差不齐的现象。其次，在医养结合实践过程中基层部门认为应扩大医疗保险覆盖范围以更好地提供养老公共服务，但是医保扩面相关事项需要中央出台政策，在短期内很难改变现状。在财政保障方面，在养老服务领域投资目前主要依靠政府部门也是不可持续的，未来要逐步引入社会力量参与。

第四节　浙江养老公共服务建设重点和政策取向

建立完善的老年健康服务体系，探索更为健全的社会保障制度，建立城乡一体全域覆盖的养老公共服务体系是共享发展成果的必然要求，也是实现共同富裕的重要抓手。推动社会适老化转型，建设老年人宜居的社会生活环境也是实现共同富裕的必由之路。中国的老龄化是在社会保障制度不健全、历史欠账较多、城乡与区域发展不平衡、家庭养老功能弱化的形势下发生的，养老公共服务建设绝非政府所能全部包揽的，而需要政府、企业、市场等多方参与、通力合作。

一　进一步健全社会保障制度

一是继续完善城乡基本养老、医疗保险制度。不断扩大基本养老保险覆盖面，同时建立合理的养老金调整机制，适时适度调整城乡居民基础养老金标准。进一步完善基本医保政策，扩大老年人慢性病用药报销范围，将更多老年人医疗服务纳入医保覆盖范围，降低老年人看病负担。二是逐步构建长期护理保险制度政策框架，协同促进长期照护服务体系建设，重点解决重度失能人员基本护理保障需求，探索建立互助共济、责任共担的多渠道筹资机制。三是完善社会救助和社会福利制度，健全分层分类的社会救助体系，为经济困难的老年人提供养老服务补贴、护理补贴。

二　加快补齐农村养老服务短板

进一步缩小城乡养老服务差距，建立城乡一体全域覆盖的养老公共服务体系。一是要加强村级养老服务机构建设的资源投入，确保农村养老设施不被占用；二是提高农村养老服务质量，将专业养老服务延伸至村级养老机构，以村级养老服务中心等为依托，构建农村互助式养老服务网络；三是加强农村养老服务和管理人才队伍建设，提高职业化、专业化水平，积极引导社会组织参与农村养老服务事业；四是充分利用县域养老资源，扩大县级养老服务机构服务范围，尝试建立乡镇区域养老服务中心，因地制宜地探索农村有意愿的特困老年人集中供养模式。

三　进一步强化居家社区养老服务能力

进一步完善以居家养老、社区养老为主，机构养老为补充的多层次养老服务体系，提高居家社区养老服务质量，丰富居家社区养老服务的范围。一是建立居家养老巡访关爱服务制度，采取电话问候、上门探访等多种巡访形式，利用互联网、物联网等技术手段，为老年人提供多样化的身心关爱服务;二是推动生活性为老服务业发展,建立社区综合服务平台对接老年人需求,组织引导社区物业、社会企业拓展生活用品代购、家政预约、代收代缴等为老服务功能;三是利用数字技术发展"互联网+养老"服务,推动社区养老服务机构平台化展示,提供"菜单式"便捷为老服务。推动互联网平台企业精准对接为老服务需求,提供个性化、高质量的服务。

四 加强养老事业人才队伍建设

人才在养老事业中起到必不可少的作用,目前养老工作中人才短缺现象比较普遍,要增强养老事业要素支撑体系,培育建设专业化的人才队伍。一是完善人才激励政策,鼓励聘用取得职业技能等级证书的养老护理员,完善养老护理员薪酬待遇和社会保险政策,建立健全从业人员和为老志愿服务激励褒扬机制;二是拓宽人才培养途径,积极增设养老服务相关本科专业,支持有条件的普通高校增设老年学、养老服务管理等专业,鼓励高校自主培养积极应对人口老龄化相关领域的高水平人才,积极稳妥推进"1+X"证书制度,推进老年照护等职业技能等级培训及考核工作;三是加大其他领域引才用人力度,为智慧健康养老、适老化产品研发制造等领域培养引进相关专业人才,鼓励医疗专业院校学生毕业后参与医养结合相关工作,鼓励医务人员到医养结合机构执业。

五 大力推动老年宜居环境建设

积极营造老年友好型社会环境,从衣食住用行各个方面打造适宜老年人的生活环境。一是推进社区和公共场所无障碍和适老化改造,有序推进城镇老旧小区的适老化改造,新建小区和公共场所要将老年友好的理念贯彻在规划中,推动将适老化标准融入农村人居环境建设,大力推动公共交通系统的无障碍改造,发展适老型智能交通体系;二是在数字化技术应用过程中兼顾老年人需求,推进智能化服务适应老年人需求，推动出台一批智能技术适老化改造标准，开展智慧助老行动帮助老年人融入科技社会；三是深入推进医养结合，促进健康养老服务发展，实施社区医养结合能力提升工程，鼓励各类主体在社区设立集医疗护理、生活照护等服务于一体的医养结合机构，支持有条件的医疗卫生机构开展上门服务、设立家庭病床，支持社会力量举办社区护理站等机构，提供上门护理服务。

第四章　浙江促进高质量就业面临的挑战与路径举措

党的十九届五中全会对扎实推动共同富裕作出重大战略部署，提出到2035年，人民生活更加美好，人的全面发展、全体人民共同富裕取得更为明显的实质性进展。2021年6月，印发《中共中央 国务院关于支持浙江高质量发展建设共同富裕示范区的意见》（以下简称《意见》），明确提出，要推动实现更充分更高质量就业。就业是最大的民生，也是经济发展最基本的支撑，实现更加充分更高质量就业是推进共同富裕的重要基础。浙江省是经济大省、就业大省和人口流入大省，近年来在保障充分就业、提高就业质量上取得明显成效，但也存在一些问题和挑战，对浙江推进高质量就业的目标、路径和改革举措进行深入研究，具有重要的理论参考和政策指导价值。

第一节　高质量就业与共同富裕的理论关系

就业是民生之本、发展之基，高质量就业是实现共同富裕的基本保障，在生产方面，更高质量就业是物质财富创造和精神文明积累的基础，同时就业也是实现供给和需求相匹配的纽带，对经济循环通畅也有重要影响；在分配方面，就业是劳动者获得收入的最主要手段，更高质量就业是形成合理收入分配格局、壮大中等收入群体的前提。

一 高质量就业的内涵

研究共同富裕与高质量就业之间的逻辑关系，必须首先搞清楚高质量就业的内涵。高质量就业应从就业形态、就业环境、就业保障和收入水平四方面来理解。从就业形态来看，高质量就业意味着就业的组织化、正规化程度更高，在有组织的生产单位中从事劳动有助于促进劳动分工、知识溢出，因而有助于提高劳动者劳动生产率和工资水平。从就业环境来看，高质量就业要求劳动者就业稳定性不断增强，劳动场所环境不断改善，福利待遇不断提升，劳动关系更加和谐稳定；从更广泛的意义上说，劳动者学习成长环境应得到改善，工人有不断提升人力资本从而获得纵向流动的机会，而不是锁定在低效率就业岗位上。从就业保障来看，高质量就业要求劳动者利益得到更完善的保护，劳动合同覆盖面更宽且能够有效发挥作用，社会保障体系比较健全，劳动者维护自身合法权益的渠道畅通。从收入水平来看，高质量就业要求劳动者收入不断提高，劳动所得在国民经济产出中的比例不断扩大。

二 "做大蛋糕"离不开高质量就业

就业质量是生产条件、生产方式的重要体现，高质量就业对提高劳动生产率有积极推动作用。在就业形态上，就业正规化程度高，意味着更多劳动者在专业化、组织化的部门工作，具有的生产效率和创造出的财富远远高于分散个体经济。就业环境和就业保障的改善有助于提高劳动者议价能力和抗风险能力，有助于增强社会纵向流动性，从而激发劳动者的学习动力，提高就业者的人力资本，进而提高劳动者全员劳动生产率。根据《中国劳动统计年鉴》数据计算，中国全部就业人员的平均受教育年限由2001年的8.18年增加到2010年的9.10年，2015年进一步提升到10.05年，2018年已经提高到10.26年。随着人力资本水平的积累，劳动生产率不断提高，推动社会财富的"蛋糕"更快做大。按照可比价格计算，我国劳动生产率从1978年的3472美元提高至2019年的25108美元，增长了6.23倍，中国GDP占世界经济的比重从1.8%提高到17%以上，GDP年均增长9.2%，对世界经济增长的年均贡献率接近18%。①

促进高质量就业有助于在更高经济发展水平上推动共同富裕。习近平同志提出，"要坚持以人民为中心的发展思想，在高质量发展中促进共同富裕"②，要实现高质量发展必须构建新发展格局，而更充分更高质量就业是畅通国内大循环的重要条件，因而是高质量发展的内在要求。就业在经济循环中发挥着重要中间桥梁作用，人既是生产者又是消费者，一个人通过就业从事生产并获得收入，再将收入进行储蓄和消费，收入越高，消费能力越强，市场越活跃；随着收入增长，储蓄率也会提高，而储蓄会转化为投资，为未来消费支出增加提供物质保障。只有生产和需求相匹配，经济循环才能通畅，物质产品才会增加，社会财富才能够不断积累，从而形成一个螺旋式上升的发展过程。因此，实现更充分和更高质量就业，有助于促进有效需求和产出间的平衡，保障国民经济循环的通畅，并推动在更高发展水平下实现共同富裕。而如果缺乏社会就业岗位，或者大量是低质量就业，消费和有效需求就会不足，从而阻碍经济循环，甚至导致经济危机，最终共同富裕也将难以实现。

三 "分好蛋糕"需要提高就业质量

广大劳动者分享发展成果的主要途径是就业，通过促进就业高质量发展，改善劳动就业环境、提升就业创业能力，使劳动者在财富分享中的地位得以提升、利益得以保障。

第一，就业是劳动者获得劳动报酬、分享经济成果的主要渠道，对收入分配格局有着基础性的影响。就业在国民收入初次分配中发

---

① 数据来自 Penn World Table version 10.01, https://www.rug.nl/ggdc/productivity/pwt/。
② 来源于习近平同志在2021年8月17日中央财经委员会第十次会议上的讲话。

挥着重要的作用。初次分配是国民收入在资本、劳动力、技术等要素间的分配，高质量就业意味着劳动力要素在做"蛋糕"中的贡献更大，顺理成章其在分"蛋糕"中的话语权也会更重，其分配份额也会更大。中国是社会主义国家，决定了按劳分配必然是我国收入分配的主要形式。在经济发展过程中，必须保证劳动价值能够得到合理的补偿，劳动者收入与财富增长能够同步提高，而实现这一点就要以更高质量就业为基础。

第二，推进高质量就业是扩大中等收入阶层、构建"橄榄形"社会结构的必要条件。中等收入群体是维护社会稳定的中坚力量，"橄榄形"收入分配结构是最有利于经济社会可持续发展的结构，中国实现共同富裕的一个重要目标就是扩大中等收入群体规模，形成"橄榄形"收入分配结构。扩大中等收入群体规模首先要缩小工资收入差距，特别是努力提高低收入者的工资水平，使更多的人迈入中等收入行列，而要提高低收入者劳动收入，就必须以更多的人能够获得更高质量就业岗位为前提。

第三，高质量就业是缩小城乡差距、地区差距和行业差距的重要途径。我国发展不平衡不充分问题仍然突出，城乡区域发展和收入分配差距较大，2020年的城乡居民收入比率为2.6，居民收入差距的基尼系数为0.468[①]，一些垄断行业收入过高的现象仍然存在。新一轮科技革命和产业变革有力推动了经济发展，也对就业和收入分配带来深刻影响，需要有效应对和解决。积极主动推动实现高质量就业，有助于提高农村和欠发达地区就业水平和工资收入，也有助于缩小行业间工资差距，因而对优化国民收入分配结构有重要推动作用。

---

① 数据来源于国家统计局。

第二节　浙江就业发展的基本态势与面临的挑战

一　浙江劳动力供需状况

首先来看浙江劳动力的供给发展态势。如图4-1所示，自2000年以来，浙江劳动年龄人口规模稳步提高，从3417万人提高到2010年的4219万人，2020年达到4732万人。从增长趋势来看，2000—2010年增长了802万人，增长率为23.5%，2010—2020年增长513万人，增长率为12.2%。无论是从劳动年龄人口规模的增长量来看，还是从增长率来看，2010—2020年都比2000—2010年有较大幅度的下降。随着人口出生率的下降，浙江人口总规模增长放缓，劳动力供给增长也在放缓，但与全国自2011年劳动年龄人口绝对规模开始下降不同，浙江劳动年龄人口规模仍在增长，其劳动供给形势好于全国整体状况。

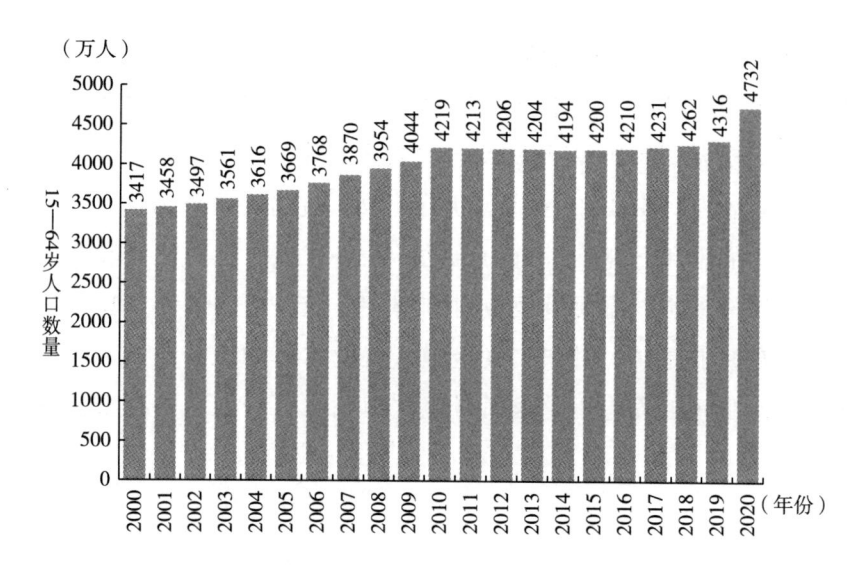

图4-1　浙江省劳动年龄人口数量变化趋势

资料来源：历年《浙江统计年鉴》，2020年人口数据来自浙江省2020年第七次人口普查主要数据公报。

劳动力供给质量对经济社会发展尤为重要。如果以平均受教育年限反映劳动力供给质量，根据浙江省第七次人口普查数据，浙江2020年15岁以上人口平均受教育年限为9.79年，比2010年提高了1年，而全国同期提高了0.83年，可见浙江增幅要比全国更大。

根据浙江省第七次人口普查数据，浙江2020年总人口中拥有大学（指大专及以上）文化程度的人口为1097万人；拥有高中（含中专）文化程度的人口为940万人；拥有初中文化程度的人口为2112万人；拥有小学文化程度的人口为1704万人。与2010年相比，每10万人中拥有大学文化程度的人口由9330人升至16990人；拥有高中文化程度的人口由13562人升至14555人；拥有初中文化程度的人口由36681人降至32706人；拥有小学文化程度的人口由28819人降至26384人。受数据可得性限制，我们无法计算劳动年龄人口平均受教育年限，但根据6岁以上人口平均受教育年限变化（见图4-2）并结合分教育阶段人口分布的变动估计，浙江劳动力的受教育水平将有不少提升，也就意味着其劳动力供给质量有明显改善。

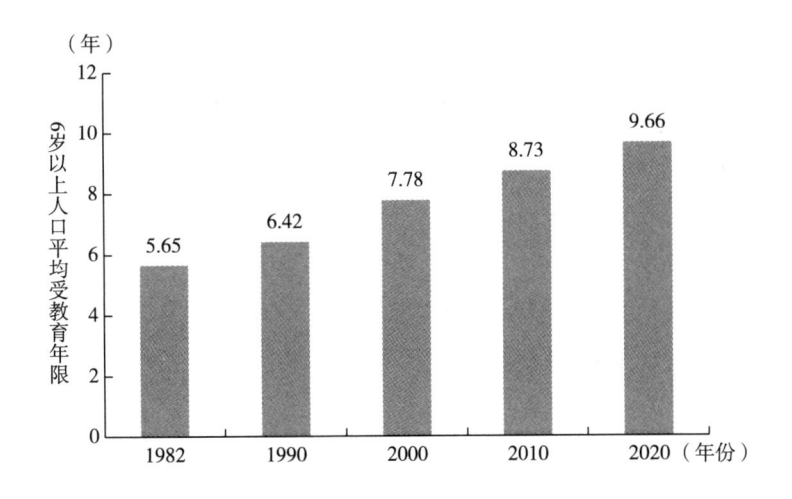

图4-2　浙江省6岁以上人口平均受教育年限变化

资料来源：根据《浙江统计年鉴2021》计算。

接下来我们从需求方面来考察浙江劳动力市场发展态势。劳动力需求反映了企业等市场主体雇用劳动力的意愿，由于意愿缺乏直接衡量指标，我们这里将就业数量作为反映劳动力需求的代理指标。根据测算，浙江劳动力需求呈现不断提高的趋势，从1978年的1795万人提高到2000年的2726万人，再进一步提高到2019年的3875万人（见图4-3）。从变化趋势上看，各部门就业增长并不是均匀的，2000年后是一个先加快后放缓的过程，2008年以前在加快，之后逐步减速。

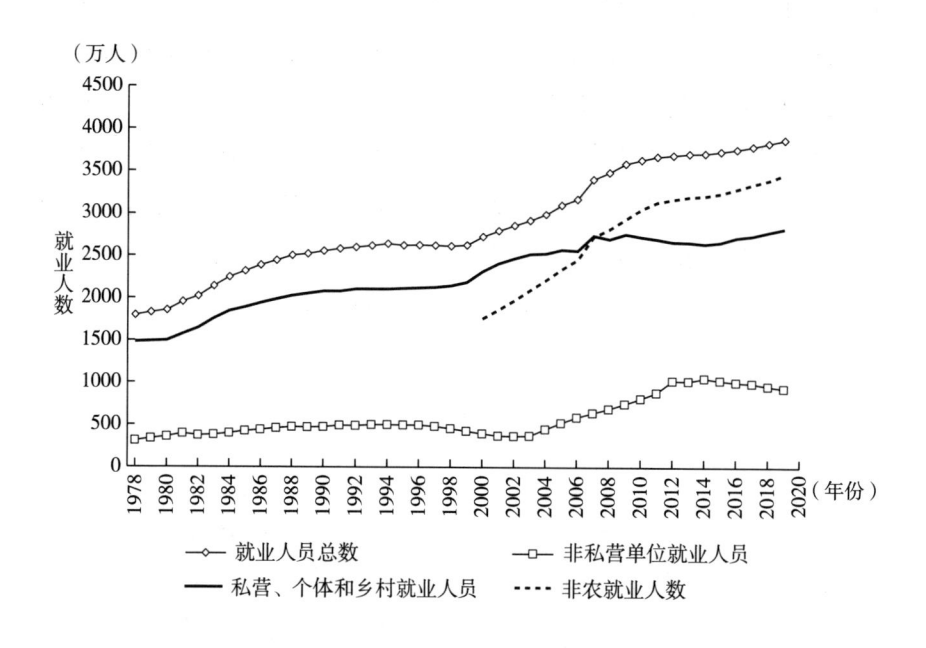

图4-3 浙江省就业人员变化

资料来源：根据国家统计局数据计算。

从就业人员的受教育结构看，根据《中国劳动统计年鉴》数据计算，近年来浙江教育人力资本积累成效显著，初中及以下学历者占全部就业人员的比重从2010年的73.6%降至2019年的50.6%，高中学历者从21.4%增至18.8%，大学及以上学历者的比重则从

9.7%提高到30.6%;从数量上看,高学历和低学历就业数量增长呈两极分化特征,初中及以下、高中和大学及以上就业人员分别增加-692万人、-41万人和848万人。

从就业人员的分布来看,城镇就业人员从2004年的840万人提高到2019年的2885万人,提高2.43倍;城镇就业人员增长速度远远快于全部就业人员,前者占后者的比重从28.0%提高到74.4%。城镇就业人员中个体私营就业人员占比迅速提高,从2004年的45.6%提高到2019年的65.8%,提高超过20个百分点(见图4-4)。城镇个体私营就业人员占比快速提高,说明浙江民营企业发展势头良好,其发展为充分就业作出了重要贡献。

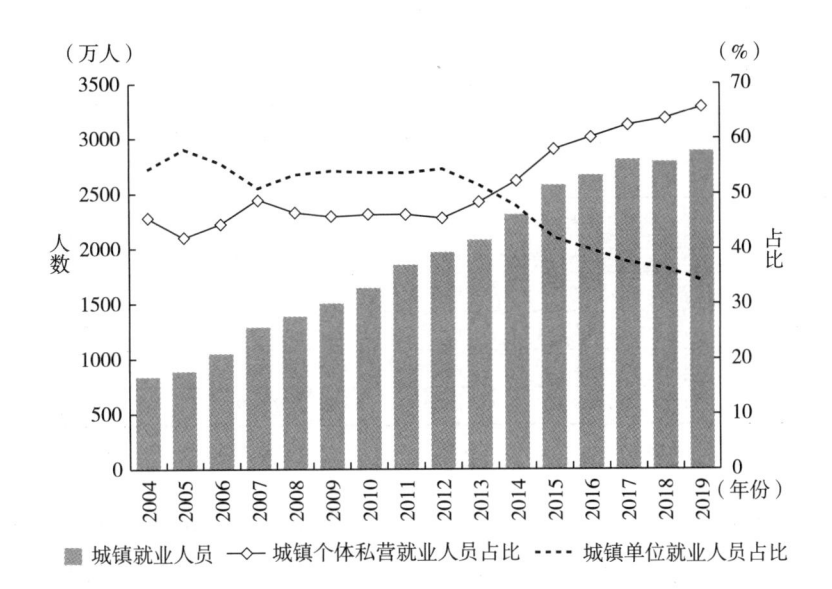

图4-4 浙江省就业人员规模与结构

资料来源:根据国家统计局数据计算。

劳动力市场供需关系最终会反映在劳动力价格即工资上,如果一个地区工资水平较高,说明其就业需求比较旺盛,而如果工资水平较低,则说明其劳动力供给相对过剩或者就业岗位创造不足。为此,我们这里从区域对比和时间变化上考察浙江工资水平（见表4-1）。在时间趋势上，2010年以来，浙江工资快速提升，城镇单位就业人员2019年的平均工资是2010年的2.45倍。从区域对比来看，浙江城镇单位就业人员平均工资水平高于全国平均水平，大约是其1.1倍；从长三角范围来看，浙江的工资水平低于上海，但高于江苏；从全国范围来看，浙江工资水平也仅低于北京、上海、天津和西藏，在省域中位列第五。横纵对比可知，浙江工资水平较高、增长较快，劳动力市场需求比较旺盛，这些特征都反映了浙江就业高质量发展的有利因素比较明显。

表4-1　浙江省城镇单位就业人员平均工资及比较　　单位：元

年份	全国	上海市	江苏省	浙江省
2010	36539	66115	39772	40640
2011	41799	75591	45487	45162
2012	46769	78673	50639	50197
2013	51483	90908	57177	56571
2014	56360	100251	60867	61572
2015	62029	109174	66196	66668
2016	67569	119935	71574	73326
2017	74318	129795	78267	80750
2018	82413	140400	84688	88883
2019	90501	149377	96527	99654

资料来源：根据国家统计局数据计算。

综合以上分析，改革开放特别是2000年以来，浙江劳动力市场呈现供需两旺的局面。随着省内劳动力从农业向非农业转移和外来人口持续输入，浙江的劳动力供给实现较快增长；但随着城镇化水平提高，农业转移劳动力的潜力基本挖掘完毕，目前城镇化率提高主要依靠外来人口流入。从劳动力市场需求方面来看，浙江就业增长快于全国平均水平，就业岗位向城镇集中速度更高于其人口城镇化速度，其中个体私营经济做出了很大贡献，对高素质劳动力的需求相对快于供给，低素质劳动力反之。总的来说，浙江基本实现充分就业状态,就业质量不断提高,总体质量水平高于全国平均水平。但也应看到,随着产业转型升级和技术进步不断加快,浙江省工资水平升幅较快,劳动力成本上涨相对于其他发达地区更为明显,而工资上升可能会对劳动力需求产生替代效应,影响就业数量和质量。为实现更充分更高质量就业,应妥善处理扩大就业与技术进步带来的就业替代之间的关系,有效放大科技进步和创新对劳动力需求的促进效应,积极应对结构性失业问题。

二 浙江推进就业高质量发展的挑战

从实现共同富裕的目标出发,浙江就业发展还存在一些不足和挑战,认清这些挑战和不足有助于明确就业高质量发展的路径,更好地为建设共同富裕示范区提供参考。

第一,产业结构转型升级加快,人力资源供需结构不匹配问题还比较突出。

发展经济学理论和发达国家经验表明,经济服务化是产业结构演进的必然规律。数据显示,浙江经济结构也呈现显著服务化趋势:从产业结构来看,工业增加值比重快速下降,2007—2017年下降8.6个百分点,生产性服务业比重提高7.4个百分点,生活性服务业提高1.3个百分点;从增长率来看,生产性服务业增加值年均增长率达到15.17个百分点,显著高于其他产业(见表4-2)。与之相对应,工业就业的规模和比重都在下降,比重2013—2018年下降6.01个百分点,生产性服务业就业比重增幅达到3.86个百分点,生活性服务业增幅略小,达到2.54个百分点(见表4-3)。

表4-2　　　　　　浙江省分产业增加值比重变化　　　　　单位:%

产业	增加值比重		增加值年均增长率
	2007年	2017年	
工业	48.3	39.7	8.64
建筑业	5.5	6.1	11.93

续表

产业	增加值比重		增加值年均增长率
	2007年	2017年	
重工业	32.9	28.3	9.11
轻工业	15.4	11.5	7.56
生产性服务业	15.7	23.1	15.17
生活性服务业	21.8	23.1	11.38

资料来源：根据2007年和2017年浙江投入产出表计算。

表4-3　　浙江省分产业的全部单位就业人员分布　　单位：万人，%

产业	2013年		2018年	
	就业数量	就业占比	就业数量	就业占比
工业	1213	43.39	1074	37.38
建筑业	766	27.41	781	27.16
重工业	746	26.71	706	24.58
轻工业	439	15.70	357	12.42
生产性服务业	234	8.37	352	12.23
生活性服务业	575	20.59	665	23.13

资料来源：根据浙江2013年和2018年经济普查资料数据计算。

近年来，浙江发展中的一大亮点是数字经济的崛起。数字经济占GDP的比重逐年攀升，2020年浙江数字经济核心产业增加值总量达到7020亿元；2016—2020年，数字经济核心产业增加值年均增长15.2%，增速比GDP平均增速高6.7个百分点；2020年数字经济核心产业增加值占GDP的比重达到10.9%，比2016年提高2.1个百分点，对经济增长的贡献不断提高①。

产业转型升级加快，对劳动力的知识和技能水平提出了更高的要求。根据全国分产业就业人员受教育比例可以计算出每个产业的平

---

① 浙江省统计局：《"十三五"时期浙江数字经济发展报告》，http://tjj.zj.gov.cn/art/2021/1/25/art_1229129214_4439493.html，2021年1月25日。

均受教育年限,其中农业就业人员平均受教育年限为 7.51 年,制造业为 10.48 年,建筑业为 9.6 年,服务业为 12.65 年。因此,服务业就业人员的受教育水平比农业、制造业和建筑业更高,其中的生产性服务业,如信息产业、金融业、科学研究、教育卫生和公共管理等行业,就业人员的平均受教育年限要在 14 年以上。从人力资本供给来看,根据 2015 年 1% 人口抽样调查计算,浙江 16 岁以上人口平均受教育年限为 9.24 年,而其全部就业人员的平均受教育年限为 10.63 年。显然,浙江人力资本总体上与需求还有一定差距。浙江就业人员平均受教育年限变动状况见表 4-4。

表 4-4　浙江省就业人员平均受教育年限变化及与其他省份比较　单位:年

年份	全国	上海	江苏	浙江
2000	8.30	10.54	8.45	7.96
2010	9.13	11.27	9.55	9.21
2015	10.08	12.56	10.77	10.63
2019	10.51	12.88	10.94	11.14
2019 年-2000 年	2.21	2.34	2.49	3.18

资料来源:根据《中国劳动统计年鉴》数据计算。

从劳动力人力资本供需绝对数量来看,2010 年以来低学历者供给增加但需求减少,而高学历劳动力数量尽管增长较快,但与需求相比仍远远不够,2010—2020 年浙江拥有大学及以上学历的人口增长 590 万人,但 2010—2019 年就业人员中大学及以上学历者增加了 848 万人,缺口部分必然是从省外流入的。这显示出,浙江省内高素质劳动力较为紧缺,劳动力市场供给对外来劳动力的依赖程度比较高。

以上分析表明,随着产业加快转型升级和新技术革命影响深入,浙江高技能就业岗位需求增长超过了高技能人才供给增长,而低技能岗位则相反。高技能人才供给相对不足、低技能劳动力相对过剩并存很可能会导致二者工资差距扩大,而工资差距的扩大又会影响收入差距,进而影响共同富裕的进程,这一点是要引起高度重视的。

第二,行业间和群体间工资差距偏高,并呈持续扩大趋势。

分行业来看,与全国和邻近的江苏相比,浙江工资差距处于较高水平。例如,浙江平均工资水平最高的是信息传输、计算机服务和软件业,2019 年该行业的平均工资达到 22.3 万元,平均工资最低的行业是住宿和餐饮业,平均工资仅有 5.5 万元,前者是后者的 4.05 倍。[①] 从工资差距的变化趋势来看,自 2006 年以来,浙江城镇单位在岗职工年平均工资行业间的变异系数在 0.35 和 0.42 之间波动,2010 年行业间的工资差距有所下降,但 2016 年以来差距又在扩大。比较来看,全国和江苏城镇单位在岗职工平均工资行业间变异系数均在 0.35 以下,考虑到近年来全国和江苏系数还在持续下降,这更加凸显了浙江分行业工资差距扩大的趋势(见图 4-5)。

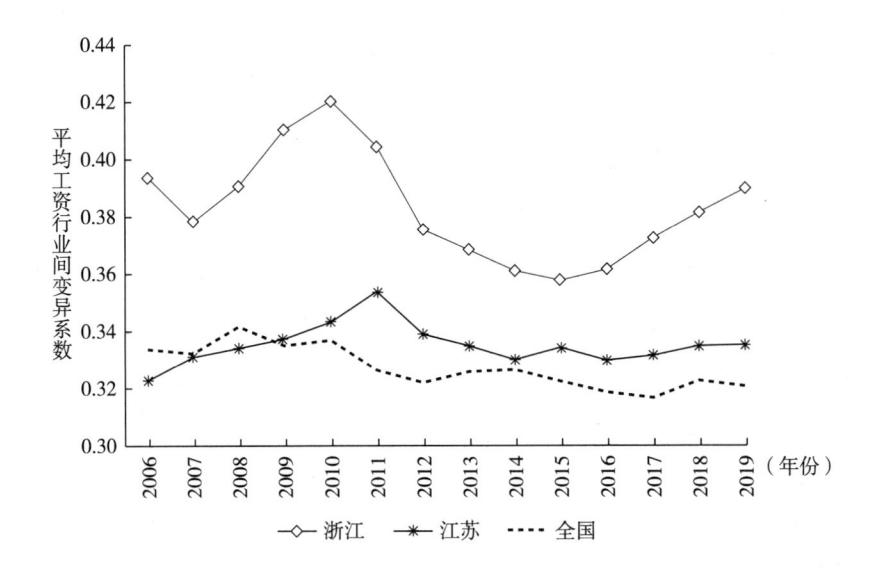

图 4-5 浙江省城镇单位在岗职工平均工资行业间差距变化

资料来源:根据国家统计局数据计算。

---

① 数据来源于国家统计局。

从不同所有制单位从业人员平均工资来看,浙江差距变化也比全国大。如图4-6所示,2019年浙江城镇国有单位从业人员平均工资与城镇单位从业人员平均工资之比为1.42,而全国为1.09,浙江城镇国有单位的平均工资比其他单位的平均工资更高;城镇集体单位从业人员平均工资最低,只相当于城镇单位整体水平的0.64;浙江其他单位从业人员平均工资也比较低,仅相当于城镇单位从业人员平均工资的0.85,低于全国0.96的水平;但浙江的私营单位平均工资明显更高,相当于城镇单位从业人员平均工资的0.86,大大高于全国0.59的水平。

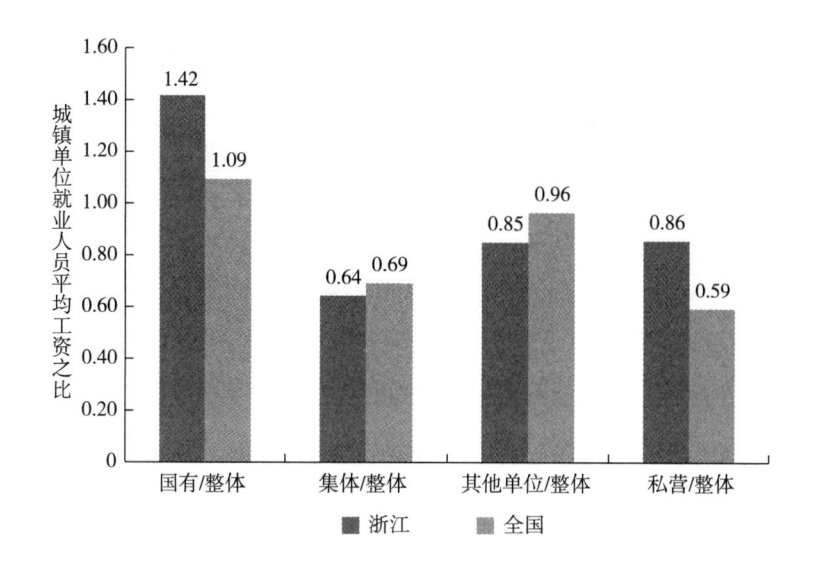

图4-6 浙江省按注册类型分单位从业人员平均工资比较

资料来源:根据国家统计局数据计算。

工资差距是贫富差距最主要的来源之一,不同群体的工资差距又是整体工资差距的重要来源。浙江是人口流入大省,外来劳动力是就业群体的重要组成部分,因此考察浙江户籍劳动力和外来劳动力工资差距状况对了解收入分配格局具有重要意义。根据国家卫生健康委流动人口调查数据,我们计算了分省外来劳动力年平均工资,

2018年浙江为61223元，低于67285元的全国平均水平，也低于同为人口流入大省广东69538元以及长三角地区的上海96455元和江苏70429元的水平。从趋势上看，浙江的工资水平从2011年的32329元，提高到2018年的61223元，提高了89%，这一增幅比广东71%的增幅高，但明显低于上海（112%）和江苏（97%）的增幅（见表4-5）。外来劳动力为浙江经济发展做出了巨大贡献，是浙江共同富裕示范区建设应关注的重点群体，尽快缩小外来劳动力与本地就业人员的工资差距也是实现共同富裕的重要任务。

表4-5　浙江省外来劳动力年平均工资与其他省份比较　　单位：元

年份	全国	浙江	上海	江苏	广东
2011	36735	32329	45428	35676	40733
2012	38773	34570	48964	39233	40975
2013	42718	39974	52537	42893	43066
2014	49479	44371	64284	57860	48866
2015	54757	49514	72413	59702	57633
2016	59030	51702	86833	59044	60499
2017	63024	56536	94059	62201	64287
2018	67285	61223	96455	70429	69538

资料来源：根据国家卫生健康委流动人口调查数据测算。

此外，由于在知识技能水平、社会关系网和财富积累等方面与本地劳动力存在先天的劣势，外来务工人员比城镇本地就业人员的工资水平低是普遍和正常的，但横向对比来看，浙江外来务工人员平均工资与城镇单位就业人员平均工资的差距明显偏高，2018年浙江外来务工人员工资与城镇单位就业人员平均工资之比为0.689，这一比例明显低于江苏0.832和广东0.785的水平（见表4-6）。由此可见，浙江外来务工人员的工资偏低。

表 4-6　　　　外来务工人员与城镇单位就业人员平均工资之比

年份	浙江		江苏		广东	
	外来务工/城镇单位	外来务工/城镇国有单位	外来务工/城镇单位	外来务工/城镇国有单位	外来务工/城镇单位	外来务工/城镇国有单位
2011	0.716	0.477	0.784	0.643	0.904	0.755
2012	0.689	0.470	0.775	0.641	0.815	0.690
2013	0.707	0.493	0.750	0.632	0.808	0.687
2014	0.721	0.506	0.951	0.801	0.822	0.710
2015	0.743	0.512	0.902	0.749	0.876	0.750
2016	0.705	0.474	0.825	0.662	0.836	0.702
2017	0.700	0.462	0.795	0.608	0.812	0.655
2018	0.689	0.457	0.832	0.616	0.785	0.624

资料来源：根据国家卫生健康委流动人口调查数据和国家统计局数据计算。

第三，社会保险覆盖还有提升空间，劳动保护力度还有待进一步增强。

社会保险不仅具有保障生活、预防失业和促进就业的作用，对劳动者获得感、幸福感、安全感的提升也具有重要作用，因而是就业质量的重要方面。在表4-7中我们计算了2010年以来浙江城镇职工社会保险参保情况，可以看到城镇职工基本养老保险、基本医疗保险和失业保险占城镇单位就业人员人数的比重分别从2010年的90.0%、68.0%和70.3%降至2019年的75.4%、67.6%和62.2%，这在一定程度上反映出浙江在扩大劳动者社会保障上还有较大提升空间。

表 4-7　　　　浙江省城镇职工社会保险参保情况　　　单位：万人，%

年份	城镇单位就业人员人数	城镇职工年末参保人数			城镇职工参保人数占比		
		基本养老保险	基本医疗保险	失业保险	基本养老保险	基本医疗保险	失业保险
2010	1642	1479	1118	1154	90.0	68.0	70.3
2011	1852	1666	1271	1238	90.0	68.6	66.9
2012	1965	1836	1394	1332	93.4	70.9	67.8

续表

年份	城镇单位就业人员人数	城镇职工年末参保人数			城镇职工参保人数占比		
		基本养老保险	基本医疗保险	失业保险	基本养老保险	基本医疗保险	失业保险
2013	2080	1977	1492	1389	95.0	71.7	66.8
2014	2311	2079	1576	1443	90.0	68.2	62.4
2015	2579	2098	1639	1491	81.4	63.6	57.8
2016	2667	2117	1634	1538	79.4	61.3	57.7
2017	2808	2136	1703	1583	76.1	60.6	56.4
2018	2788	2155	1831	1671	77.3	65.7	60.0
2019	2885	2175	1950	1794	75.4	67.6	62.2

资料来源：根据历年《浙江统计年鉴》数据计算。

对劳动者合法权益进行保护，是其获得合理劳动回报以及改善就业环境的基础，也是实现高质量就业的重要保障。我们这里用劳动争议案件受理情况来考察浙江劳动保护的状况，2010—2019年，浙江当期案件受理数量从36080件提高到61530件，增长了71%，增速在全国排名第14位。但从解决劳动争议的结果来看，2018年未结案件数占当年案件受理数的12%以上，是全国平均水平的一倍。浙江是用工大省，外来务工人员规模较大，为保障劳动力市场稳定、实现更高质量就业，应更加注重劳动保护，完善社会保障制度，促进农民工市民化。

第三节 共同富裕导向下浙江就业高质量发展的目标和措施

习近平同志指出："高质量发展需要高素质劳动者，只有促进共同富裕，提高城乡居民收入，提升人力资本，才能提高全要素生产率，夯实高质量发展的动力基础。"[①] 在明确浙江共同富裕示范区建

---

① 这是习近平同志2021年8月17日在中央财经委员会第十次会议上讲话的一部分。

设目标任务的基础上,应着力做好就业促进机制、就业政策体系、技能素质和人力资本提升、劳动者权益保障等方面的改革。

一　浙江推动就业高质量发展基本目标

实现共同富裕就是要在经济社会不断进步、物质和精神文明财富不断积累的前提下缩小贫富差距,其中缩小劳动收入差距是关键。高质量就业是缩小工资差距的前提,是实现共同富裕的重要基础和目标。高质量就业至少应包括两方面的含义:一是从结果角度衡量,高质量就业是新增就业数量保持较快增长、失业率维持较低水平、工资整体水平提升、工资差距缩小;二是从实现途径来看,要增强各个就业群体的就业创业能力,创造公平就业环境,提高低收入者和就业困难群体的就业创业能力。为进一步明确促进浙江就业高质量发展的路径,根据对浙江就业发展态势和面临挑战的分析,结合对相关政策文件、规划的梳理和评估,建议"十四五"时期浙江就业高质量发展主要包括以下目标。

(1) 保持充分就业状态。高质量就业首先要有足够的就业岗位,"十四五"时期,浙江要持续扩大就业规模,保持就业局势总体稳定,完善高校毕业生、农民工、退役军人等重点群体就业支持体系,加强城镇各类就业困难人员就业培训、托底安置就业和帮扶,力争实现城镇新增就业500万人以上,实施职业技能培训500万人次。调查失业率是劳动力市场供需状况最主要的衡量指标。失业率太高或太低都不利于宏观经济的稳定,最合理的是维持在自然失业水平。依据过往数据大致判断浙江自然失业率水平[①],假定其他情况不变,

---

① 根据国家统计局浙江调查总队调查、国家统计局的数据,2018年以来浙江省调查失业率在4%和5%之间波动,2020年前三季度由于疫情影响有所下降,但自2020年第四季度以来再次回到4.7%的水平。登记失业率虽然不能完全准确反映劳动力市场供需形势,但其变化可以作为调查失业率变动的佐证,2015年以来浙江登记失业率维持在2.5%和3%之间波动,由此我们大致也可以判断出调查失业率也是比较稳定的。据此,如果其他情况不变,浙江调查失业率应该为4.5%—5%的水平。

"十四五"时期浙江调查失业率要保持在5%以下。

（2）提高劳动报酬比重。劳动报酬是劳动者参与要素分配的主要结果，是居民增收"基本盘"，劳动报酬份额反映了劳动者可分享"蛋糕"的大小，当前浙江劳动报酬比重略低于全国平均水平，"十四五"时期应在不损害浙江经济竞争力的前提下提升劳动报酬在国民收入中的比重。浙江的劳动报酬份额目前低于全国平均水平，下一步浙江高质量推进共同富裕示范区建设，就要提高劳动者报酬份额水平，加快提高劳动报酬比重，到2025年浙江劳动报酬份额不低于50%。[①]

（3）持续缩小工资差距。浙江工资差距的缩小对其总的收入差距的缩小发挥了关键性的作用，在"十四五"时期，应进一步发挥工资差距对收入差距缩小的牵引作用，聚焦重点群体的工资差距。一是促进外来务工人员特别是农民工的工资水平提高，"十四五"时期浙江外来务工人员工资与城镇单位就业人员平均工资之比应尽快达到全国平均水平[②]。二是传统部门和新兴产业工资差距拉大，例如生活性服务业和数字经济产业就业者工资差距，提高传统产业就业者的知识技能水平，努力遏制与新兴产业平均工资差距扩大的势头。三是缩小不同性质注册登记单位就业者的工资差距，应缩小私营单位与非私营单位特别是国有单位平均工资差距[③]。

（4）加快人力资本积累。人力资本获取的途径可通过学校教育，也可以通过工作后的在岗培训，甚至是"干中学"。从学校教育看，

[①] 根据《浙江高质量发展建设共同富裕示范区实施方案（2021—2025年）》提出的目标。

[②] 2018年外来务工人员平均工资仅相当于城镇单位就业人员平均工资的68.9%，低于全国84.3%的平均水平。加快提高外来务工人员工资水平，使其更好分享浙江发展的成果，应成为浙江建设共同富裕试验区的重要目标。

[③] 私营单位就业人员平均工资仅为非私营单位的56.6%，近年来还呈现下降趋势，与国有单位就业人员平均工资的差距更大，只相当于其39%。

浙江就业者平均受教育年限为 11.14 年，参照日本的标准①，浙江 2025 年平均受教育年限达到 11.9 年，2035 年达到 13.5 年。职业技能培训是普通劳动者提升技能水平、提高劳动报酬、提高再就业能力的主要途径。浙江建设"共同富裕"示范区，要加大对包括外来务工人员在内的所有劳动者职业技能的培训力度，开展职业技能培训由当前每年约 200 万人次，提高到每年 500 万人次②。

（5）扩大社会保障覆盖。社会保障体系是保障劳动力再生产进程不致受阻或中断的重要手段，社会保障体系健全与否是就业质量的重要体现。当前浙江职工社会保障覆盖率还不够高，一些就业弱势群体和边缘群体还游离在社会保障制度保护之外。"十四五"时期，要不断提高职工基本养老保险、职工基本医疗保险和失业保险的覆盖面，到"十四五"时期末，实现法定人员社保全覆盖③。

二　浙江就业高质量发展的路径举措

一是提高劳动力市场的包容性，促进外来人口的社会融入。浙江是外来人口流入大省，如何对待包括农民工在内的外来人口，是浙江提高就业质量和推进共同富裕的重要问题。提高外来劳动者保障水平和社会融入能力，缩小外来务工人员和本地劳动者工资差距，既有利于提高劳动力市场配置效率和经济潜在增长率，也是实现区域内常住人口共同富裕的必然要求。为此，要继续深化户籍制度改革，加快实行以居住和社保缴纳年限为主要指标体系的积分落户政策，全面落实租赁房屋落户城市的政策。推进基本公共服务向常住

---

① 日本在 2010 年就业者平均受教育年限已经达到 13.42 年（日本统计局网站，平成 22 年国势调查产业等基本集计，www.soumu.go.jp），假如浙江经济发展水平在 2035 年接近日本 2010 年水平，就业者平均受教育年限需要每年提高 0.15 年。
② 全国 2020 年为 52%，浙江建设共同富裕示范区力争不低于这一标准，《浙江高质量发展建设共同富裕示范区实施方案（2021—2025 年）》提出目标为 50% 以下。
③ 根据浙江省人力资源和社会保障厅文件《关于征求〈浙江省"十四五"就业促进规划实施意见（征求意见稿）〉意见的公告》提出的目标设定。

人口全覆盖,深化新型居住证制度,完善积分入学政策,逐步实现农民工随迁子女入学待遇同城化;探索实施积分入住保障房制度。依法消除劳动就业领域的各种歧视行为,打造公平、公正、统一、开放的全省劳动力大市场,促进劳动力合理流动与高效配置。

二是强化就业优先政策,扩大就业容量。推动共同富裕,首先要保障广大劳动者有事可做、有收入可得,这就需要经济发展过程中能够创造足够数量的就业岗位。为此,应将更充分更高质量就业作为经济社会发展的优先目标,加强就业政策与产业、投资、外贸、消费、财税、金融等政策的协同联动,优先发展就业吸纳能力强的行业产业。在产业转型升级中打造更多就业新增长点,促进制造业和建筑业高质量就业,提升服务业就业提质扩容能力,充分发挥数字经济领域就业创业能力。发挥浙江民营经济活力较强的优势,继续深化改革、推进高水平对外开放,激发市场主体活力,拓展就业空间、提高就业弹性。

三是加大普惠性人力资本投入。要坚持在发展中保障和改善民生,把推动高质量发展放在首位,为提高劳动者受教育程度、增强发展能力创造更加普惠公平的条件,提升全社会人力资本和专业技能,提高就业创业能力,增强致富本领。高质量开展职业技能培训,聚焦重点产业、重点地区,针对农民工、高校应届毕业生等重点群体,开展大规模多层次精准职业技能培训,提升其就业能力。构建产教融合、政企协同的技能人才培育体系。夯实技工教育发展基础,加强技工教育师资队伍建设,打造高水平的技能人才培育高地。深化技能人才评价制度改革,全面推行用人主体、培养主体、评价主体共同参与的职业技能等级机制,加快形成评价科学的技能人才评价工作体系。

四是强化创业带动就业的作用。创业是就业之源,具有带动就业的乘数效应,是解决就业问题的重要手段,也是勤劳创新致富的重要形式。灵活就业是就业的重要渠道,要完善促进创业带动就业、多渠道灵活就业的保障制度,支持和规范发展新就业形态。聚焦高校毕业生群体,供给优质创新创业教育、培训、实习等资源,帮助高校毕业生提升创业就业能力,创造更多高质量就业机会,缓解结构性就业矛盾。浙江是外来人口流入大省,要积极为有创业需要的农民工提供创业培训,开展创业指导、企业经营管理等培训,建立创业培训与创业孵化对接机制,充分挖掘其人力资源潜力。持续优化营商环境,鼓励个体经营,增加非全日制就业机会,支持发展新就业形态,清理取消不合理限制灵活就业的规定,拓宽低收入者增收渠道。

五是强化对重点群体就业支持。高校毕业生、农民工、就业困难人员等群体是推动就业高质量发展的重点和难点,也是扩大中等收入群体规模的重点拓展群体。拓宽高校毕业生市场化社会化就业渠道,创造更多有利于发挥高校毕业生专长和智力优势的知识技术型就业岗位。强化高校毕业生就业服务,健全校内校外资源协同共享的高校毕业生就业服务体系。深化省际劳务合作长效机制,加强对外来务工人员就业帮扶,组织开展以企业为主的在岗和待岗农民工以工代训。持续开展困难群体就业援助,统筹推进就业困难人员能力提升行动,完善就业困难人员认定办法,优化动态调整机制,实现就业困难人员精准识别,提高援助政策的有效性。

六是提升劳动者收入和权益保障水平。切实维护保障好劳动者合法权益,是社会公平正义的基本要求,也是提高就业质量的基本要求。合理增加劳动报酬,健全工资合理增长机制,健全技能人才薪酬激励机制,开展工资集体协商,建立技术工人最低工资制度,完善最低工资标准调整评估机制。完善社会保障体系,提升社会保险统筹层级,加快实现法定人员全覆盖,提高企业职工参保率和缴费基数夯实率,积极引导灵活就业人员参加企业职工基本养老保险。提供良好劳动环境,加快制造业企业自动化设备、工业机器人等技术应用,推进建筑工人工作场景转换、工作条件改善,深入开展安全生产专项整治行动。营造公平就业环境，消除户籍、性别等就业歧视，保障农民工、残疾人各类群体就业权益。构建和谐劳动关系，落实新修订的劳动合同法，研究出台劳务派遣规定等配套规章，严格规范劳务派遣用工行为，依法保障被派遣劳动者的同工同酬权利。

第五章　浙江高质量就业对共同富裕的促进机制研究

就业是最基本的民生，是人民获得收入、提高生活水平的基本途径。党中央高度重视就业问题，党的十八大以来，把就业放在经济社会发展的优先位置。习近平同志关于就业优先的一系列重要论述，阐释了就业是最大的民生工程、民心工程、根基工程。促进高质量充分就业，既有利于做大蛋糕、推动经济平稳增长，又可以让广大人民群众分享发展的成果，提升人民群众的获得感、幸福感和安全感。改革开放以来浙江经济取得较快发展，经济发展水平走在全国前列，在促进充分高质量就业上取得了较好的成效，这为浙江经济持续健康增长和收入分配的改善提供了良好的基础。考察浙江高质量就业对推进共同富裕的影响机制的现实经验，能够为我们理解就业发展与共同富裕的关系提供现实的案例借鉴。

第一节　高质量就业的内涵和外延

一　促进更加充分更高质量就业的政策背景

近年来，党中央、国务院围绕促进高质量充分就业作出了一系列部署。《中华人民共和国国民经济和社会发展第十四个五年规划和2035年远景目标纲要》（以下简称"十四五"规划）第四十七章围绕"实施就业优先战略"，提出"健全有利于更充分更高质量就业的促进机制",扩大容量、提升质量、缓解结构性矛盾。"十四五"规划从强化就业优先政策、健全就业公共服务体系和全面提升劳动者就业创业能力三个层面指明了工作方向,作出了工作部署。为应对新冠疫情冲击,党中央、国务院作出"六稳""六保"重大决策部署,稳就业、稳金融、稳外贸、稳外资、稳投资、稳预期,保居民就业、保基本民生、保市场主体、保粮食能源安全、保产业链供应链稳定、保基层运转,始终将稳就业、保就业放在优先位置。党的二十大报告再次强调,"实施就业优先战略"。其中,要重视"强化就业优先政策,健全就业促进机制,促进高质量充分就业"。这为新征程做好就业工作指明了进一步的方向。

根据"十四五"规划,国务院于2021年8月23日印发了《"十四五"就业促进规划》,提出到2025年实现就业形势总体平稳、就业质量稳步提升、结构性就业矛盾有效缓解、创业带动就业动能持续释放、风险应对能力显著增强。2022年8月15日浙江省就业工作领导小组发布了《浙江省"十四五"就业促进规划实施意见》(以下简称《实施意见》),提出到2025年实现就业机会更多、就业结构更优、就业能力更强、就业生态更好、创业引领更足五个方面的目标。浙江省的《实施意见》在指标设置上与全国的规划相一致,在促进城镇新增就业、控制城镇调查失业率等方面设置了预期性的指标,并在劳动年龄人口平均受教育年限等方面设置了约束性的指标。与此同时,浙江省因地制宜,在《实施意见》中对第三产业从业人员占比、全员劳动生产率、最低工资标准最高档、技能人才占从业人员比例、劳动人事争议调解成功率等多个方面设定了更为具体的目标,在促进高质量就业方面提出了更高的要求。全国与浙江省"十四五"时期就业主要指标详见表5-1。

第五章 浙江高质量就业对共同富裕的促进机制研究

表 5-1　全国与浙江省"十四五"时期就业主要指标对比

指标名称	全国				浙江省			
	2020年	2025年	年均/累计	属性	2020年	2025年	年均/累计	属性
城镇新增就业（万人）	1186	—	>［5500］	预期性	［606］	—	>［500］	预期性
城镇调查失业率（%）	5.2	—	<5.5	预期性	—	—	<5.5	预期性
城镇就业占比（%）	61.6	>65	—	预期性				未要求
脱贫人口务工规模（万人）	3243	—	>3000	预期性				未要求
第三产业从业人员占比（%）				未要求	50.7	50左右	—	预期性
全员劳动生产率增长率（%）	2.5	—	高于GDP增长	预期性				未要求
全员劳动生产率（万元/人）				未要求	16.6	22		预期性
劳动报酬占比（%）	52.1*	—	稳步提高	预期性	49.7	>50		预期性
开展补贴性职业技能培训（万人次）	2700	—	［7500］	预期性	168.6	—	>［500］	预期性
技能人才占从业人员比例（%）		30		预期性	27	35	—	预期性
基本养老保险参保率（%）	91	95	—	预期性				未要求
基本养老保险参保人数（万人）				未要求	4355	4700		预期性
劳动年龄人口平均受教育年限（年）	10.8	11.3		约束性	10.73	11.6		约束性
新增劳动力受过高等教育比例（%）	53.5	55	—	预期性				未要求
劳动人事争议调解成功率（%）				未要求	78	80	—	预期性

注：［］内为5年累计数，带＊号的为2019年数据。

二 高质量就业的概念辨析

就业质量和就业数量两者都是保障劳动者权益的重要方面，而高质量就业通常指更加充分更高质量就业，同时涵盖了就业质量和就业数量。自 2001 年欧盟委员会提出"就业质量"概念以来，国内外学者就对就业质量的内涵和外延展开了一系列研究[1]。

基于宏观和微观不同的视角，高质量就业的内涵和外延有着不同的体现。从宏观视角来看，学者认为高质量就业主要是指劳动力市场良好运行、资源得到有效配置[2]。此时所说的高质量就业主要是体现一个国家、地区、行业总体上的就业质量，使用劳动力供给、岗位需求和公共就业服务等宏观指标进行衡量。从微观视角来看，学者认为高质量就业主要是指劳动者所从事的工作具有较好的特征，包括工资水平、职位匹配程度、工作产出效率、成就感和满足感等，使用工资性收入、工作满意度、工作时长等个体微观指标进行衡量[3]。事实上，宏观和微观视角两者之间存在内在关联：当一个地区在宏观层面实现高质量就业时，微观个体的就业质量也将会随之提高；当微观个体的就业质量持续提升时，有时也可以促进地区就业质量提高[4]。

本书基于现有理论研究和政府工作的实际需要，提出高质量就业在中国应当具有如下四点基本内涵：第一，在就业形态方面，就业组织化程度提高，劳动生产率持续提高，就业正规化程度提升；第

---

[1] 张抗私和韩佳乐对此进行了较为详尽的梳理，本节只做简要介绍。参见张抗私、韩佳乐《就业质量协调发展：评价指数与实证分析》，《宏观质量研究》2022 年第 5 期。

[2] Van Bastelaer, Alois, "Work Organisation, a Dimension of Job Quality: Data from the Ad-hoc Module of the 2001 Labour Force Survey in the EU", Joint UNECE-Eurostat-International Labour Office Seminar on Measurement of the Quality of Empolyment, Geneva, 2002.

[3] Anker, Richard, Igor Chernyshev, Philippe Egger, et al., "Measuring Decent Work with Statistical Indicators", *International Labour Review*, 2003, 142 (2); 戚聿东、刘翠花、丁述磊：《数字经济发展、就业结构优化与就业质量提升》，《经济学动态》2020 年第 11 期。

[4] 潘琰、毛腾飞：《就业质量的组合评价研究》，《东南学术》2015 年第 1 期。

二，在收入水平方面，劳动者工资或劳动所得不断提升；第三，在就业环境方面，劳动者就业环境不断改善，就业稳定性不断增强，福利待遇不断提升，劳资关系更加和谐稳定；第四，劳动合同覆盖率更高，社会保障体系更健全，劳动权益保障更充分。以上四点基本内涵主要形成自宏观视角，涉及了经济增长、收入分配、劳动关系和劳动保障等与就业密切相关的领域，既有助于构建高质量就业理论体系，又便于在现实中测度就业质量、推进相关工作。后续章节将基于这一概念，介绍高质量就业与经济增长、共同富裕的内在联系。

第二节 高质量就业与经济增长

实现更加充分更高质量就业与经济增长存在互相促进的关系，其作用机制包括：（1）通过充分就业做大"蛋糕"，促进宏观经济增长；（2）高质量就业加速农村剩余劳动力转移，促进经济结构转变；（3）高质量就业促进人力资本积累和运用，提升生产率水平；（4）高质量就业提振消费能力，创造就业机会，实现良性循环。

一 通过充分就业做大"蛋糕"，促进宏观经济增长

劳动力是经济增长的动能所在，充分就业是区域经济长期发展的关键支撑。当前浙江省正面临人口老龄化、劳动年龄人口相对收缩的挑战。表5-2介绍了浙江省人口老龄化发展趋势。虽然2010—2020年浙江省常住人口实现了稳步增长，但老年人口数增速更快，近十年增长113%；截至2020年，浙江省老年人口占比达到18.70%，即将进入中等老龄化阶段。同时，浙江经历了人口抚养比先降低后上升的过程。2010—2015年，浙江省人口抚养比呈下降趋势，主要是由于少儿抚养比快速下降导致；而2015—2020年，随着人口平均年龄增长，老年抚养比快速上升，而少儿抚养比也呈现相对回升趋势，因

而人口抚养比总体上升,超过 2010 年水平。人口抚养比上升意味着从事生产活动的劳动年龄人口相对减少。截至 2020 年,每 100 名劳动年龄人口要抚养 49.24 名老人和儿童。随着人均预期寿命持续增长,这一趋势将会持续。

表 5-2　　　　2010—2020 年浙江省人口老龄化发展趋势

	2010 年	2015 年	2020 年
常住人口（万人）	4583.07	5442.69	6456.76
其中：老年人口（占比）	566.92（12.37%）	755.86（13.89%）	1207.27（18.70%）
人口抚养比	46.13	39.27	49.24
其中：老年抚养比	18.04	19.34	27.90
少儿抚养比	28.10	19.93	21.33
预期寿命（岁）	74.69	79.20	80.19

注：老年人口定义为 60 岁及以上人口,劳动年龄人口定义为 16—59 岁人口。
资料来源：浙江省统计局官网。

在人口老龄化的背景下,提高就业质量、促进充分就业是扩大劳动力队伍的重要手段,是实现经济高质量发展的前提条件。为充分挖掘劳动力资源、提高劳动参与率,需要为劳动年龄人口和仍具有工作能力的老年人口提供更高质量的工作岗位,通过改善就业环境、提高收入水平、落实劳动保障,提升其参与劳动的意愿、克服就业工作的困难。针对因为自身健康原因或承担照护职责而无法全职工作的群体,通过提供更加灵活的工作安排（如兼职工作、远程办公等）,也有助于扩大劳动参与、提高就业稳定性。随着技术进步、社会发展,一部分劳动力（尤其是年龄相对更大的群体）可能因为技能不适应岗位需求变化而出现结构性失业,通过有针对性的职业培训教育、鼓励终身学习,将有助于提升这一部分劳动力的技能和就业能力,使其适应不断变化的就业市场需求。

二 高质量就业加速农村剩余劳动力转移，促进经济结构转变

农村剩余劳动力的转移，对于促进经济发展有着重要意义。首先，农村剩余劳动力转移可以促进城乡之间劳动力资源的配置优化，提高农业生产的现代化水平和生产效率，从而提高农村居民的人均收入和生活水平。其次，农村剩余劳动力转移至城镇，可以提高城镇就业市场的劳动力供给，为城镇经济的发展提供更充足的劳动力资源。这也有助于促进城镇产业结构升级，提高生产率和经济效率。同时，随着农村剩余劳动力的转移和就业，也会带动城镇消费的增加，进一步拉动经济发展。

自改革开放以来，浙江省的农村剩余劳动力逐步向城市转移。由图5-1可见，1978年，浙江省城镇从业人员仅为314万人，占所有从业人员的17.5%。随后城乡从业人员均出现了快速增长，20世纪90年代，浙江城镇从业人数超过500万人，占总从业人数的比重达到了20%，随后这一比重在20%和23%之间徘徊，直到2003年首次突破25%，随后呈现持续上涨趋势。到2010年，浙江省城镇从业人数超过农村从业人数，占比超过53%。截至2020年年末，浙江省城镇从业人数接近2900万人，占总从业人数的比重超过75%。农村剩余劳动力的转移，助推了浙江省快速城镇化的过程。

随着农村剩余劳动力逐渐向城镇转移，浙江省的产业结构也相应发生变化，呈现出劳动力向第二产业和第三产业转移的趋势。从图5-2可以看出，浙江省产业结构转型大致经历了三个阶段。第一阶段是20世纪80年代至2000年，在这一阶段第一产业的从业人数虽然从1273万人减少到970万人，但仍高于第二产业和第三产业的从业人口数，呈现出第一产业吸收就业为主的特征。第二阶段是2001—2016年，在这一时期内第二产业的从业人数超过第一产业，从1010万人增长到1609万人，而第一产业从业人数快速下降到大约350万人，

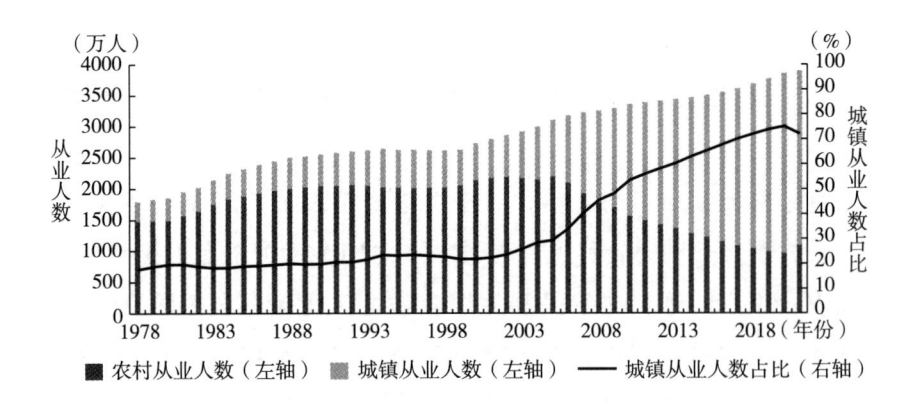

图 5-1　浙江省城乡从业人员人数及构成（1978—2021 年）

资料来源：浙江省统计局网站。

占从业人员总数的比重不到 10%。在这一阶段虽然第二产业吸收了大量就业，但是第三产业也获得了快速发展，从业人数年均增长率达到 4.3%。第三阶段为 2017 年至今，在这一时期第三产业从业人数超过了第二产业，甚至在 2020 年，第三产业从业人数已经超过第一产业和第二产业的总和，呈现出服务业吸收就业为主的特征。

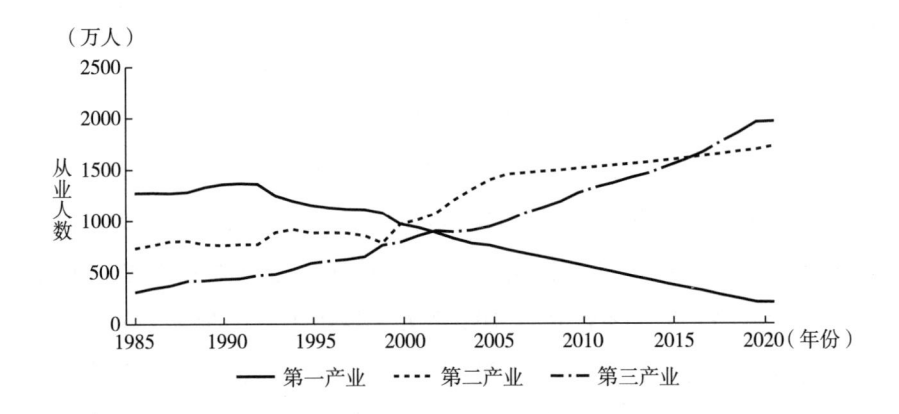

图 5-2　浙江省三次产业从业人数变化（1985—2021 年）

资料来源：历年《浙江统计年鉴》。

浙江省产业结构变迁的过程在图5-3中体现得更为明显。第一产业占所有产业从业人数的比重在20世纪80年代超过50%，随后持续下降，到2016年之后已不足10%；第二产业从业人数占比从80年代的约30%，增长到2006—2010年的约45%，随后维持在这一比重；第三产业从业人数占比则从80年代的16%持续增长到超过45%。

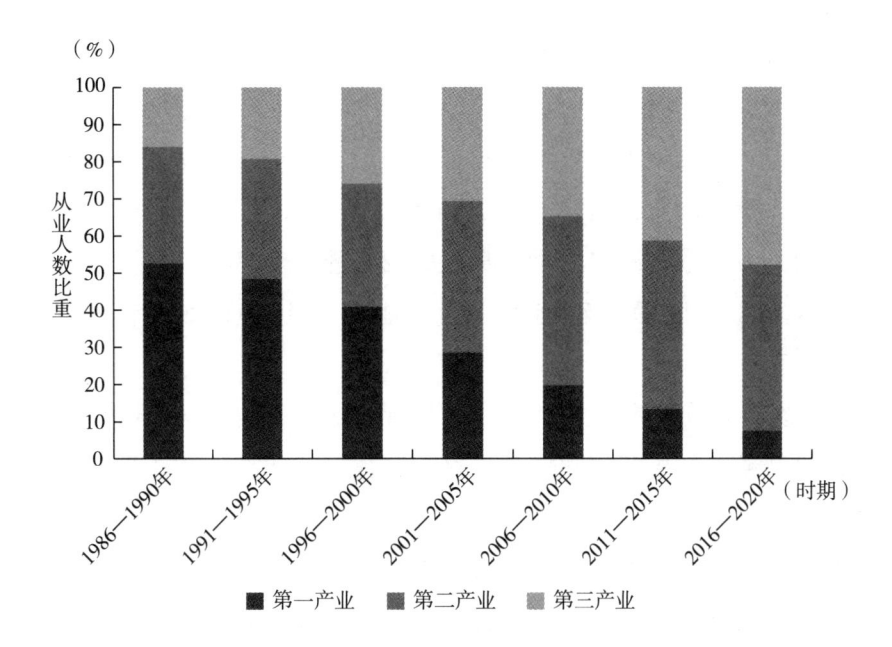

图5-3　浙江省三次产业从业人数结构变化趋势（1986—2020年）

资料来源：《浙江统计年鉴》。

促进更加充分更高质量就业，将有助于吸引农村剩余劳动力进一步向城镇转移，向第二产业和第三产业转移。特别是，随着农业和制造业生产技术不断进步、生产效率持续提升，第三产业吸收就业的特征将会更加明显。提供更具竞争力的收入、更加完善的社会保障和更加理想的就业环境，将有助于吸引更多农村剩余劳动力进入第三产业，推动产业结构持续升级。

三 高质量就业促进人力资本积累和运用，提升生产率水平

人力资本是指人力资源在受教育、培训和健康等方面的投入，是提升经济增长率和提高劳动生产率的关键因素。人力资本可以大致分为如下四类：教育型人力资本、技能型人力资本、健康型人力资本和创新型人力资本。教育型人力资本是指劳动力通过接受正规教育而获取的知识、经验和能力，是人力资本最重要的组成部分；教育型人力资本对发展技能型、创新型人力资本起到了基础作用。技能型人力资本是指劳动力通过职业教育和技能培训积累的经验、技巧和能力。健康型人力资本是指劳动者的身心健康、认知能力和体力体能，没有健康的身体，个人将难以充分参与劳动、发挥专长。创新型人力资本是凝聚在个人身上的创新能力和素养，将直接影响一个国家和地区的创新能力、研发能力，并体现在经济生产率之上。

实现更充分更高质量就业，可以促进人力资本的积累和运用，进而提升经济的生产率和效益。首先，提升就业组织化程度，将有助于发挥不同个体的比较优势，通过更有效率的劳动分工，充分运用好各种类型的人力资本。其次，更高水平的收入意味着个人教育回报率的提升，这将进一步改善教育、培训和职业技能等方面的投入，从而加速劳动者的教育型和技能型人力资本的积累。最后，高质量就业不仅可以促进一般人力资本的积累和运用，还可以促进创新型人力资本的运用，从而提高劳动生产率，促进经济的结构转型和升级。通过提供更多和更好的就业机会，可以吸引更多创新人才进入产业链；在更加完善的社会保障、就业保障之下，投入研发、创新的风险得以分担，创新创业的安全感将促进创新型人力资本的充分运送，这有助于推动产业结构的转型和升级，提高整体生产力水平。

随着产业结构逐渐转型、就业质量不断提升，浙江省人力资本积

累也不断深化。到 2020 年,浙江省人均受教育年限已经提升到 9.22 年,各地级市中最高的为杭州(10.41 年),最低的为台州(8.50 年)。浙江省每十万人中有大专及以上学历的人数达到 16990 人,在全国各省份中排名第 10,文盲占总人口的比重为 2.67%,低于全国平均水平。① 与之相对应,人力资本的积累直接体现在劳动生产率的提升上。如图 5-4 所示,浙江省劳动生产率从 1978 年的不足 700 元/人增长到 2021 年的接近 19 万元/人,年均增长率约 14%;到 2021 年,浙江劳动生产率比全国平均水平高 23.0%,这意味着浙江人力资本积累在全国处于较高水平。

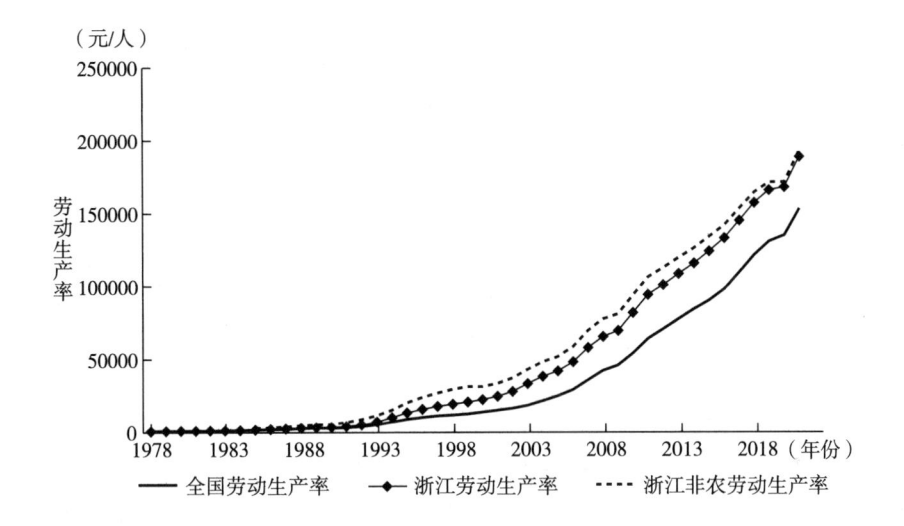

图 5-4 全国和浙江省劳动生产率变化趋势(1978—2021 年)

注:劳动生产率根据地区生产总值和全年平均从业人员数的比值计算,地区生产总值和从业人员数来自浙江省统计局网站。

---

① 数据来自浙江省第七次人口普查,详情参见浙江省统计局官网文章《浙江省第七次人口普查系列分析之五:受教育状况》,http://tjj.zj.gov.cn/art/2022/7/22/art_1229129214_4956161.html,2022 年 7 月 22 日。

四 高质量就业提振消费能力，创造就业机会，实现良性循环

促进高质量就业，将有助于提升居民可支配收入，而稳定的工作环境也有利于提升居民的边际消费倾向，两者共同作用将提振消费、创造更多就业机会，最终促使经济实现良性循环。

首先，高质量就业将会通过提高劳动生产率和劳动产出份额来增加人均可支配收入。劳动生产率是衡量单位劳动投入所创造的产出的指标，反映了劳动者的技能、知识、创新能力等。高质量就业可以通过培训、教育、技术改造等方式提升劳动者的素质和效率，从而提高劳动生产率。同时，高质量就业将通过完善工资形成机制、加强集体协商、保障最低工资标准等方式，提升劳动报酬在总产出的份额。随着劳动生产率提升、劳动所占份额扩大，人均可支配收入水平也会相应地增加。如图5-5所示，浙江省不论城乡，人均可支配收入都实现了快速增长。以近年数据为例，浙江的城镇人均可支配收入从2011年的30971元增长到2021年的68487元，年均增长8.3%，农村人均可支配收入从13071元增长到35247元，年均增长10.4%。农村人均可支配收入增速高于城市，不仅意味着城乡差距缩小，还意味着农村居民消费潜力快速提升。

其次，高质量就业可以通过增强就业稳定性和保障性来提升边际消费倾向。就业稳定性是指劳动者在一定时期内不失去工作的可能性；保障性是指劳动者在受到失业影响时享有的社会保障和法律保护的程度。通过实施以稳定和扩大就业为目标的政策举措，居民就业的稳定性和保障性得以提升；当居民对收入形成较为稳定的预期时，其生活消费的信心也将大幅增强。如图5-6所示，浙江省城乡人均生活消费支出实现了快速增长。近年来，浙江的城镇人均生活消费支出从2011年的20437元增长到2021年的42193元，年均增长7.5%，农村人均生活消费支出从9644元增长到25415元，年均增长10.2%。

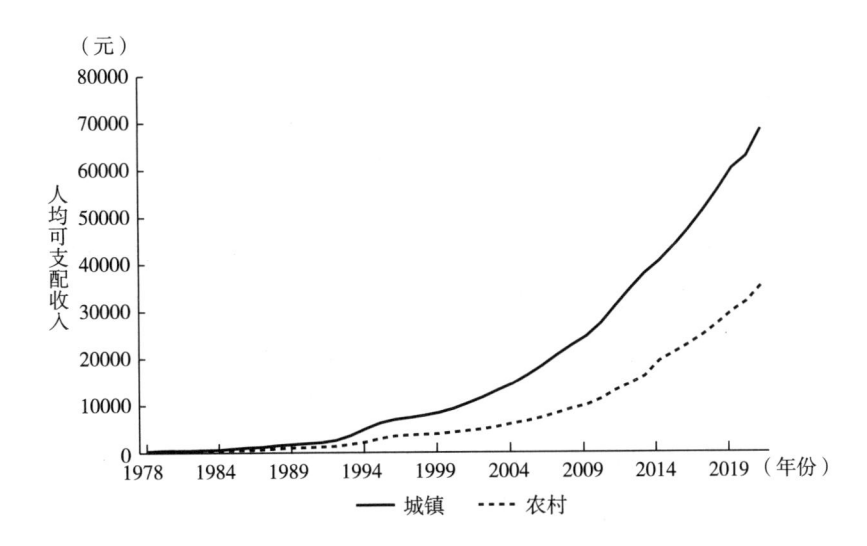

图 5-5　浙江省城乡人均可支配收入增长趋势（1978—2021 年）

资料来源：数据来自《浙江统计年鉴》。由于该年鉴的城乡居民可支配收入只汇报了 2013—2021 年的数据，此处分别汇报城镇居民和农村居民人均可支配收入增长趋势。

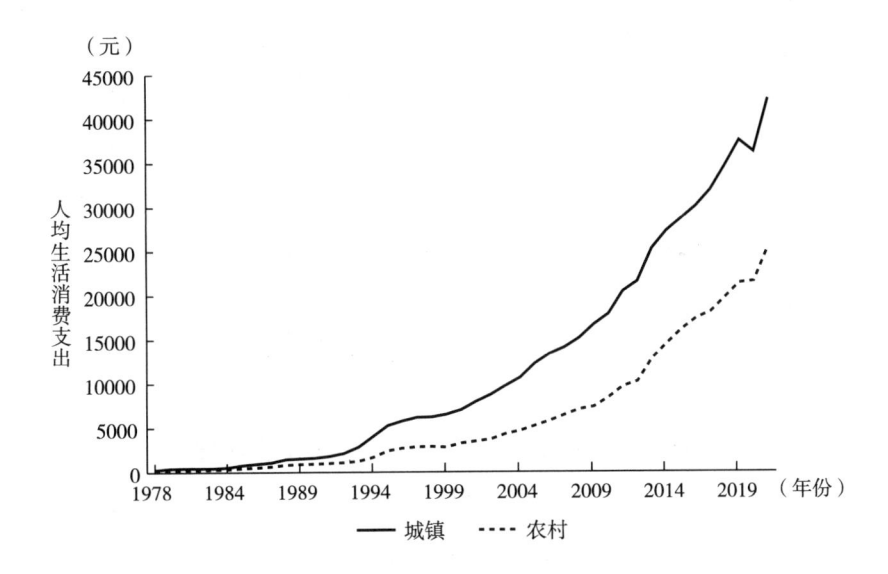

图 5-6　浙江省城乡人均生活消费支出增长趋势（1978—2021 年）

资料来源：数据来自《浙江统计年鉴》。由于该年鉴的城乡全体居民人均生活消费支出只汇报了 2013—2021 年的数据，此处分别汇报城镇居民和农村居民人均生活消费支出的增长趋势。

居民消费增加是经济发展的重要动力,也是产业结构转型的根本动因。随着居民收入水平的提高和消费观念的变化,商品需求的多样性和个性化越来越强,对产品和服务的质量要求也越来越高。这就促使企业不断创新生产方式,优化产品结构,提升供给质量,满足消费者的多元化需求。同时,居民消费增加也会带动服务业的发展,尤其是生活性服务业和高端服务业。服务业具有较强的就业吸纳能力,可以为社会提供更多、更好、更稳定的就业岗位,进而增加居民收入水平和消费能力,形成一个良性循环。

近年来浙江省积极采取措施,推进产业结构优化升级、居民消费升级,使得两者相互促进、相得益彰。一方面,浙江大力发展数字经济、绿色经济、创新经济,并通过"互联网+""数字+"等模式推动传统产业转型升级。另一方面,浙江省着力培育新型消费模式和场景,并通过"双十一""双十二"等电商节日活动激发居民消费热情,实现了从线上线下融合向线上线下共生转变。这些举措不仅提高了该省经济增长质量和效益,也为该省创造了更多就业机会和社会福利。随着消费升级和产业结构的调整,许多传统行业的岗位逐渐减少,而新兴行业和高附加值行业的需求不断增加。高质量就业可以吸引和培养高素质、高技能的劳动力,提高劳动生产率和产品质量,推动产业结构调整和转型升级,创造更多就业机会。

第三节 高质量就业与共同富裕

一 高质量就业是提高劳动初次分配份额的基础

高质量就业对于促进初次分配公平性有着重要作用。初次分配公平性是指在市场机制下,劳动者和资本按照生产要素的边际贡献获得相应的收入分配。这个过程对社会公平至关重要,关系到了社会的稳定和发展。

首先,高质量就业可以提升劳动参与率,即劳动年龄人口中有意愿并有能力从事生产活动的人口比例。随着社会的进步和经济的发展，劳动参与率的提高已经成为一个全球性的趋势。高质量就业可以吸引更多的劳动者进入市场，增加劳动供给，提高社会总产出。同时，高质量就业也可以增加劳动者的收入水平，扩大消费需求，促进经济增长。这样，劳动者在初次分配中所占的份额会相对提高，初次分配公平性也会相应提升。

其次，高质量就业可以促进劳动力教育水平和培训水平的提升。高质量就业对于劳动者的技能和知识要求较高，这激发了劳动者提升自身素质的积极性和主动性。通过接受教育和培训，劳动者可以提高自己的人力资本，增加自己在市场上的竞争力和议价能力。这样，劳动者可以获得更高的工资收入，在初次分配中享受更多的成果，从而提高初次分配公平性。

再次，高质量就业可以保障劳动者的权益，提升劳动份额。高质量就业通常具有较好的法律保障和社会保障，能够维护劳动者的基本权利。例如，在遭遇失业、疾病、工伤等风险时，能够得到相应的补偿和保障。这样，劳动者在初次分配中不仅能够获得正常工资收入，还能够享受一定程度的福利收入。这有利于增加劳动份额在国民收入中的比重，促进初次分配公平性。

最后，高质量就业可以提升劳动者的创新能力，并间接反馈到初次分配公平性上。高质量就业往往具有较强的创新潜力和创新空间，能够激发劳动者进行技术创新、管理创新、组织创新和产品创新等。这些创新能力和成果可以使企业更加具有竞争力和盈利能力，从而增加对劳动力的需求和对劳动者的回报，从而相应提升初次分配公平性。

总的来说，通过提高劳动参与、促进劳动力市场灵活性、保障劳动者权益、促进技能提升和创新等措施，可以改进初次分配，并提高就业的质量和公平性。高质量就业对劳动者的生产效率、创造力、福利和幸福感等方面都有着积极的影响。近年来，浙江省劳动参与处于较高水平，登记失业率始终低于全国平均值，并且呈现下降趋势。如图5-7所示，浙江省城镇登记失业率从2003年的3.7%下降到2021年的2.6%。即便以调查失业率作为评价指标，2021年年末，浙江省城镇调查失业率保持在4.1%的位置，低于5.0%的预期目标。习近平同志在浙江作出"人人有事做，家家有收入"的重要论述；通过高质量就业促进劳动参与、提升居民收入，正是实现共同富裕的必要路径。

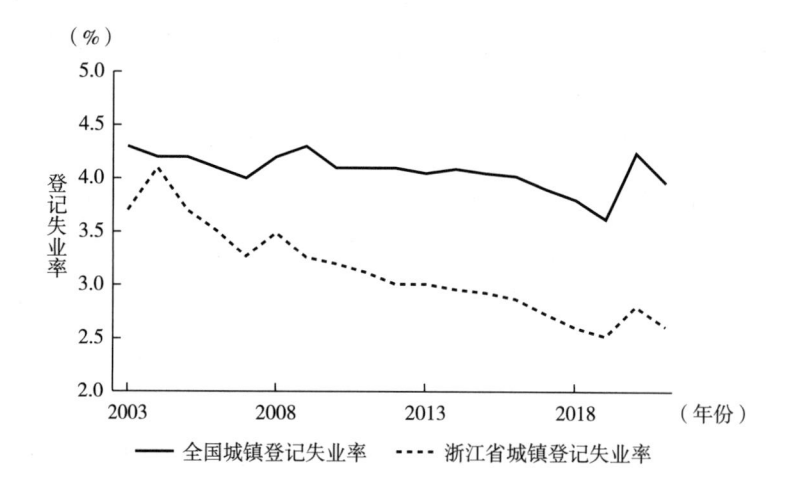

图5-7　全国与浙江省城镇登记失业率变化趋势（2003—2021年）

资料来源：《浙江统计年鉴》。

二　高质量就业是二次分配的载体

高质量就业对于第二次分配的公平性和效率性都有着积极的作用。高质量就业扩大了税基，增加用于社会保障和公共服务的财政资源，从而促进第二次分配的公平性和效率性。高质量就业也能促进经济增长和创新，增加企业的税收缴纳和创新投资，为政府提供更多的税收收入和经济活力，从而为第二次分配提供更加坚实的基础。同时，更加充分更高质量就业有利于降低政府的财政支出压力，优化财政资源配置效率。

第五章 浙江高质量就业对共同富裕的促进机制研究

高质量就业可以通过扩大税基、增加财政资金，从而促进第二次分配的公平性。近年来，浙江省个税收入占GDP的比重呈现上升趋势。如图5-8所示，2012—2018年，浙江个税收入占GDP的比重从0.52%增长到0.80%；2018年个税改革之后，个税收入占比有所回落，但到2021年已经回升到0.72%。通过高质量就业增加个人所得税和社会保险缴纳，为政府提供更多税收收入，提高社会保障和公共服务的质量，从而促进第二次分配的公平性和效率性。例如，政府可以通过增加教育、医疗、养老等方面的投入，改善民生条件，缩小区域、城乡、群体之间的差距；政府也可以通过优化税制结构，减轻低收入群体的税负，扩大中等收入群体比重，促进社会阶层流动。这些措施能够增加就业者的收入和福利，提高其生活质量，使得财富更加均衡地分配，促进社会公平。

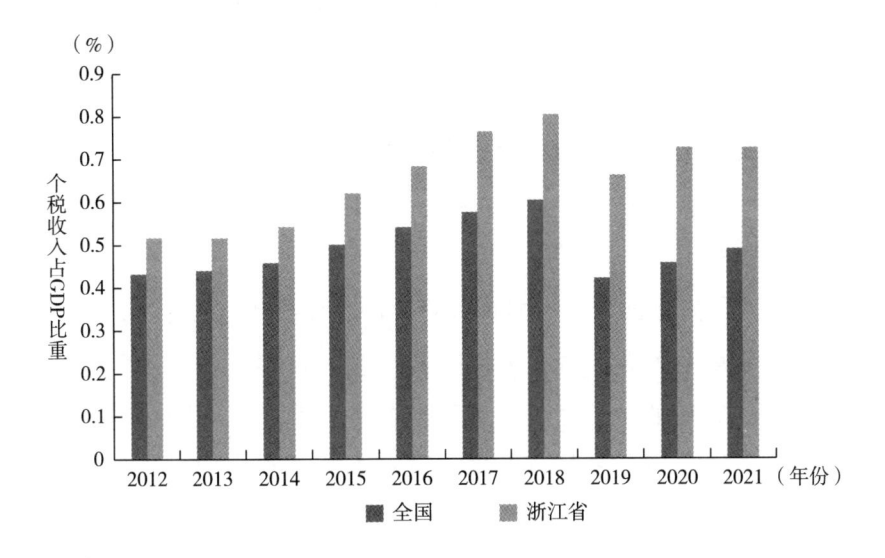

图5-8 全国与浙江省个税收入占GDP比重的变化趋势（2012—2021年）
资料来源：CEIC数据库。

同时，高质量就业有助于减少政府在社会福利和救济方面的支出，为政府创造更大的财政空间，用于提升经济发展的质量，促进第二次分配的公平性和效率性。在"十四五"规划纲要中,"实现更加充分更高质量就业"被作为重要目标之一;全国和浙江省的纲要均明确了城镇调查失业率控制在 5.5% 以内等具体指标。通过更高质量更充分的就业,各级政府可以节省原本投入在失业救济、最低生活保障等领域的财政支出,转而投向提升人力资本、促进产业发展,从而实现更高质量的经济发展。

因此,在当前形势下,"实施就业优先战略""强化就业优先政策"是实现共同富裕的必然选择,"促进高质量充分就业"是优化第二次分配的重要任务。政府应该采取措施,为劳动者提供更加充分的就业机会和职业发展机会,提高就业者的技能水平和专业素养,促进职业成长、增强劳动保障。同时,政府应该加强对企业的管理和监督,规范市场秩序,促进企业的稳定和发展,为高质量就业提供更加坚实的基础,从而实现更加公平和可持续的财富分配,促进社会的长期稳定和发展。

三　高质量就业是缩小三大差距的基本保障

高质量就业对缩小三大差距有着重要意义,是缩小差距、促进公平的基本保障。

首先,高质量就业可以通过转移农村剩余劳动力和促进城乡融合的方式缩小城乡差距。城乡差距是指城乡发展水平的差距,主要体现在城乡居民的收入、教育、医疗、社会保障等方面的水平差距。正如前文所述,高质量就业将促进农村剩余劳动力向城镇转移、向非农产业转移,同时提升农业和非农劳动生产率。农村产业的发展、就业质量的提升,将促使生产要素在城乡之间充分流动,实现更有效率的配置。随着三次产业的生产率快速提升,城镇和农村的可支配收入均会相应增长。近年来,浙江城乡可支配收入比快速提升,农村人均可支配收入相对城镇人均可支配收入的比例从 2006 年略高于 40%,增长到 2021 年超过 50%;从图 5-9 可以看出,无论是绝对水平，还是其增长幅度，浙江城乡可支配收入比都高于全国平均水平。这体现出浙江在消除城乡差距方面取得的巨大成就。

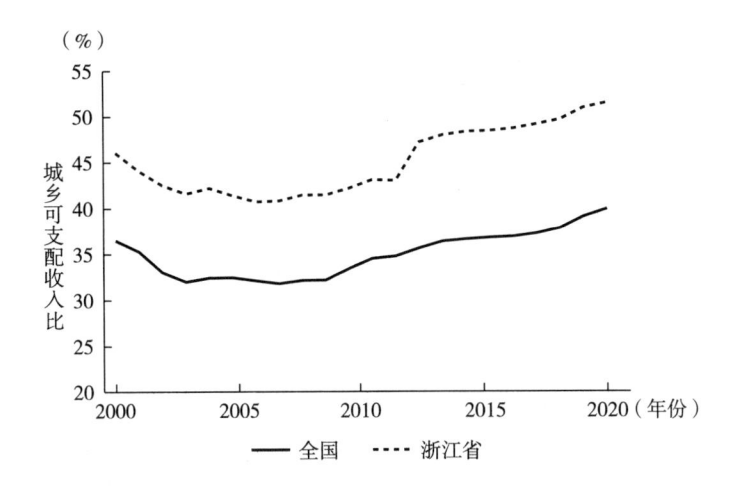

图 5-9　全国和浙江省城乡可支配收入比（2000—2021 年）

注：城乡可支配收入比=农村人均可支配收入/城镇人均可支配收入。

资料来源：《浙江统计年鉴》。

其次，高质量就业可以通过帮助落后地区吸引人才和提升本地劳动力技能水平，缩小区域差距。区域差距是指不同地区之间的发展水平、社会福利等方面的差异。对于相对落后的地区来说，吸引和留住人才是其经济发展的重要基础。帮助落后地区提升就业质量，将有助于提升该地区的吸引力，更有效地引进人才、聚集人才，从而拉动经济发展、提升创新能力。与此同时，高质量就业也有助于提高当地居民的技能和素质水平，进一步增强其就业竞争力和创业能力。随着就业质量提升，政府和居民都可以加大教育、培训和技能提升等方面的投入，为落后地区居民提供更加丰富的、高质量的教育和培训，从而帮助落后地区居民提高其技能水平和就业竞争力。随着人力资本提升和产业发展，落后地区的经济发展水平、基本公共服务等多方面得到提升，区域差距也将逐渐缩小。

最后，高质量就业是缩小收入差距的重要途径之一。收入差距是指在同一经济体中，不同个体的收入水平差异。在经济发展的过程中，由于市场机制的存在和各种制度安排的差异，收入差距难以避免，但是高质量就业可以通过提升初次分配公平性和优化二次分配效率等多个渠道，缩小个体之间的收入差距。实施最低工资制度、实行同工同酬原则、加强劳动法律法规的执行力度等，都有利于提高劳动者的工资性收入；提供更加公平均等的基本公共服务、实现更加全面的社会保障，也将促进居民收入实现更加公平的分配。

四 高质量就业是扩大中等收入群体的实现途径

高质量就业有助于扩大中等收入群体，这是因为高质量就业不仅能提高劳动者的收入水平，还能为中等收入群体提供更好的发展机会和职业发展空间，促进其在职场上不断提升自身的技能和素质。随着社会经济的不断发展，越来越多的企业开始注重人才的发展和培养，提高员工的待遇和福利，吸引更多优秀的人才加入。高质量的就业不仅能提供更好的薪资待遇，还能为员工提供更多的福利保障和职业发展机会，从而有效地提高员工的收入水平。如表5-3所示，2000—2020年，浙江省在岗职工年平均工资水平从1.3万元/人增长到11.2万元/人，年均增长11.4%，大幅提升了在岗职工的收入水平，使得大量低收入群体提升为中等收入群体。

表5-3 浙江省各级地市在岗职工年平均工资水平（2000—2020年）

单位：万元/人

年份	浙江省	杭州	宁波	温州	嘉兴	湖州	绍兴	金华	衢州	舟山	台州	丽水
2000	1.3	1.4	1.6	1.2	1.2	1.0	1.1	1.2	1.1	1.2	1.3	1.0
2005	2.6	3.1	2.9	2.2	2.1	2.4	2.5	2.4	2.6	2.5	3.1	2.5
2010	4.2	4.9	4.3	3.8	3.6	3.6	3.5	3.9	4.4	4.4	4.1	4.5

续表

年份	浙江省	杭州	宁波	温州	嘉兴	湖州	绍兴	金华	衢州	舟山	台州	丽水
2015	6.8	7.8	7.5	6.4	6.8	6.1	5.9	6.7	7.5	7.5	5.7	7.7
2020	11.2	13.2	11.1	9.7	10.8	9.8	8.7	9.7	12.5	10.8	9.1	11.6

资料来源：CEIC数据库。

同时，高质量就业还能为劳动者提供更稳定和更可靠的收入来源，这些收入来源能够为劳动者提供基本的生活保障、实现财务稳定，使其更好地规划自己的职业和生活，逐渐成为中等收入群体的一员。

总的来说，高质量就业不仅有助于提高劳动者的收入水平，还能提供更好的发展机会和职业发展空间，从而促进其不断提升自身的技能和素质，实现从低收入到中等收入的跨越。这将有助于扩大中等收入群体，促进社会的稳定与和谐发展。

五 高质量就业是提升群众获得感、安全感的必要手段

更加充足的高质量就业机会能够为个人提供发展和晋升的机会，这些机会不仅使个人能够在经济上得到更好的回报，也能够提高劳动者的社会地位和尊严感。

首先，高质量就业意味着更多的职业选择和晋升机会。劳动者可以通过投资自己的技能和教育增强个人专业技能、提高职业水平，从而在工作中更有竞争力。其次，高质量就业可以提高个人的经济安全感。经济安全感是个体对自身和家人未来经济状况的感知。就业质量的提升将帮助劳动者获得更高的收入和更好的福利待遇，更好地满足个体及家人的生活所需，更轻松地应对意外的开支或紧急情况，减少生活中的经济压力。最后，高质量就业可以提供稳定的工作环境和职业发展机会，以更加可预期、更加具有安全感的方式规划自身的生活和职业道路。

因此，高质量的就业可以提供许多发展和晋升的机会，从而提高个人的经济安全感和自我价值。这种感觉可以在社会上创造更多的幸福感和满足感，提升群众的获得感、安全感。

第四节　浙江促进高质量就业的对策建议

一　提高技能人才供给水平，促进产业升级

人力资本提升、人才供给扩大是高质量就业促进经济增长和实现共同富裕的重要渠道，也是促进实现更加充分更高质量就业的内在动力。为此，浙江可以在如下几个方面作出部署。

第一，建议加大对教育领域的投入，促进教育水平提升。在当前经济形势下，人才供给的结构性问题日益突出，提高技能人才的供给水平需要从源头入手，通过教育的力量提升人才的技能和知识水平。建议加大对学校和职业培训机构的投入，提高教育资源的配置效率，让更多人接受高质量的教育培训。

第二，鼓励人才流动，打破区域壁垒，提高技能人才供给效率。经济相对发达的地区吸纳了大量的人才资源，而一些欠发达地区则在吸引和留住人才时面临较多困难。为此，建议完善人才市场建设，推动不同地区的人才供需信息交流，提高人才流动的透明度和效率。

第三，加大科研和技术创新力度，提高技能人才的科技水平。技能人才的核心竞争力在于其技术和知识水平，因此政府可以加大对科技创新的支持力度，促进高端技术研究和开发，提高技能人才的科技水平。

二　加强城乡区域协调发展，推动规模化转移就业

在加强城乡区域协调发展方面，需要制定切实可行的政策措施，从基础设施建设、扶持政策、职业培训、信息共享等方面入手，促进城乡劳动力的有序流动，实现城乡发展的均衡和协调。

首先，可以加大对农村的投资，以改善基础设施和公共服务，提高生产力和就业吸引力，为劳动力转移创造条件。其次，可以采取税收、补贴等激励政策，鼓励企业向相对欠发达地区转移，同时加大对当地企业的扶持力度，提高其竞争力。再次，为了促进规模化转移就业，政府可以建立健全城乡劳动力市场信息平台，加强信息的透明度和流通性，帮助农民工了解就业机会和市场变化，提高其就业能力和市场竞争力。最后，社会各方也应当共同努力，推动城乡一体化发展，打造全国一体化、省内一体化的劳动力市场，实现高质量就业和经济高质量发展。

三 降低企业用工成本，推动创新创业发展

降低企业用工成本，推动创新创业发展，是促进高质量就业的一个重要方向。政府可以通过税收减免、优惠政策、配套服务等手段帮助企业降低用工成本，从而促进企业的创新和创业发展，增加就业机会，推动高质量就业的实现。

第一，可以通过对高新技术企业和创业团队给予税收减免和财政支持等优惠政策，鼓励其在技术创新和创业方面投入更多资源。这不仅可以增加创新和创业机会，而且可以促进新兴产业的发展和转型升级。

第二，还可以通过政策创新和优化创业环境来促进企业的创新和创业发展。比如，为初创企业和创业团队提供创业孵化、加速器等配套服务，支持技术研发、市场推广、融资等方面的发展。

四 建立高质量就业监测评估机制，持续推动高质量就业

建立高质量就业监测评估机制，是实现高质量就业的重要举措之一。这一机制可以为政府制定就业政策提供科学依据，同时也可以评估政策的实施效果，有助于指导和调整就业政策和措施。建立高质量就业监测评估机制需要考虑以下几个方面。

首先，应该建立完整的指标体系。就业是一个复杂的问题，需要综合考虑就业的数量、质量、结构等多个方面，建立一个完整的指标体系是十分必要的。指标体系需要从就业的数量、质量、收入、培训、福利等多个方面进行测量。

其次，需要建立统一的数据平台。高质量就业监测评估需要大量的数据支持，建立一个统一的数据平台可以方便政府、企业、高校等多方主体参与其中，共同汇聚数据资源，实现数据共享，提高数据质量和准确性。

最后，需要应用评估结果，持续推动高质量就业。建立监测评估机制不仅仅是为了评估政策的效果，更是为了推动高质量就业的持续发展。政府、企业、高校等各方主体需要共同努力，持续改善就业环境，提高就业质量和收入水平，推动高质量就业的持续提升。

第六章　浙江数字经济发展与推进高质量就业

以数字经济为代表的新一轮科技革命深刻改变着经济社会发展方式，数字经济在推动经济增长的同时对就业和收入分配带来了深刻影响。数字经济不仅引领着社会生产力不断突破和飞越，更是对生产关系特别是劳动力市场产生了深刻影响。数字经济可能引起就业岗位和工作模式的数字化革新，企业及其平台组织与劳动者之间存在标准和非标准的双重劳动关系形态，在劳动合同的形式、工作时间的约定、社会保险的覆盖等方面出现新情况、新问题，同时，由于数字经济衍生的新业态就业形式更加灵活、工作自主性更高、劳务独立性更强，传统劳动关系管理制度不能够完全满足新就业形态的需要。浙江是数字经济大省，也是我国数字经济创新策源地，考察数字经济对其就业的影响，对探索共同富裕导向下和数字化转型过程中劳动力市场改革路径具有重要意义。

第一节　数字经济特征及浙江数字经济发展现状

一　数字经济概念和特征

当前，有关数字经济的概念界定尚未达成共识。不同的概念理解，一是由于不同的认识水平、不同国家或地区数字经济的发展差异，二是研究目的存在差异。根据对数字经济的范围界定，大体上分为狭义范围和广义范围。从狭义范围看，一般是信息与通信技术（ICT）产业，包括硬件制造、信息服务、软件和IT咨询、电信等。比如，联合国的《全部经济活动的国际标准产业分类》。从广义范围看，将数字经济定位为全新的经济形态，包含较广，国家统计局和中国信通院均属于此类。比如，国家统计局在《数字经济及其核心产业统计分类（2021）》中明确，数字经济既包括ICT产业等数字产业化部分，还包括传统行业的数字化转型即产业数字化部分。中国信通院于2020年首次提出数字经济"四化框架"：数字产业化、产业数字化、数据价值化、数字化治理。其在原有基础（仅包括数字产业化和产业数字化）上，更加强调数据要素的驱动作用，更加突出生产关系和国家治理体系的重构。本章侧重研究高质量就业，与数字经济的广义定义更加契合，因此参考国家"十四五"数字经济发展规划，认为数字经济是以数据资源为关键生产要素，以现代信息网络作为重要载体，以大数据、物联网、云计算、人工智能、5G通信、区块链等数字技术融合应用、全要素数字化转型为重要推动力，促进公平与效率更加统一的新经济形态。根据中国信通院发布的《中国数字经济发展研究报告（2022年）》，2022年我国数字经济规模达50.2万亿元，占GDP比重达41.5%，较2016年提升了10.3个百分点。

数字经济作为一种全新的、蓬勃发展的经济形态，与农业经济、工业经济相比在不同层面均呈现出不同特征。从宏观层面的经济形态特征看，数字经济呈现出几个特征：数据要素成为关键生产要素，数字技术的组合迭代成为技术创新的核心引擎，数字经济与实体经济深度融合（以下简称数实融合）成为经济发展的重要路径，公平与效率的统一成为发展的促进目标。从中观层面的产业特征看，除了工业经济的典型特征规模经济，数字经济在产业发展方面还表现出新特征①。首先，范围经济更为明显。比如，互联网平台依托自身掌握的用户数据，可以更低成本地开辟新业务，这极大地拓展了范围经济的应用范围。其次，具有网络效应或网络外部性。更多的用户和供应商使得平台价值更大，而更大的平台价值又会吸引更多用户和商家入驻平台。这使得大网络的竞争力优于小网络，更易产生垄断，造成"赢家通吃"。从微观层面的技术特征看，数字技术呈现出互联互通性好、创新速度快以及跨界渗透力强等特征，因而能大幅降低交易成本，促进技术进步，推动数实融合。

二 浙江数字经济发展现状

浙江省作为数字经济发展的先行省份，具备"起步早""变革大""融合深"的特点。2003年，时任浙江省委书记的习近平提出"数字浙江"，启动实施"百亿信息化建设工程"。2014年浙江将信息经济列为大力发展的七大万亿产业之首，于2016年获批建设全国首个"信息经济国家示范区"。同年，浙江省把信息经济升级为数字经济。2017年12月，浙江省明确提出"把数字经济作为'一号工程'来抓"。2021年2月，浙江"十四五"规划明确提出全面推进数字变革，建设新时代数字浙江，深入实施数字经济"一号工程2.0版"，全面推进数字社会建设，深入推进政府数字化转型，加快完善数字生态。截至2021年年底，浙江先后推出《数字化改革概论》等重要理论成果，出台了《浙江省数字经济促进条例》《浙江省公共数据条例》等地方性法规，形成了《数字化改革术语定义》等地方标准。2022年9月浙江出台《关于打造数字经济"一号工程"升级版的实施意见》，进一步明确了数字经济发展的"四梁八柱"，把数字经济先发优势变为带头领跑的持久优势，着力打造浙江数字经济金

---

① 丁志帆：《数字经济驱动经济高质量发展的机制研究：一个理论分析框架》，《现代经济探讨》2020年第1期；李晓华：《数字经济新特征与数字经济新动能的形成机制》，《改革》2019年第11期。

名片，全面建设数字经济强省。

浙江数字经济综合实力稳居全国前列，不仅具有规模大、占比高等特征，而且各领域均快速推进。根据浙江省经济和信息化厅统计，2021年浙江数字经济增加值3.6万亿元，居全国第四位，占GDP比重48.6%，居全国第一位。2018—2022年浙江数字经济核心产业增加值从0.48万亿元增至0.90万亿元（见图6-1），年均增长10.1%，高出同期GDP年均增速4.1个百分点。根据浙江省经济和信息化厅等编写的《浙江省数字经济发展白皮书（2022年）》，浙江在数字基建、数字产业、数字赋能、数字治理、数字科创、数据价值化等数字经济各方面均发展迅速。一是数字基础设施建设持续推进。截至2021年，浙江省开通5G基站10.5万个，累计建成各类数据中心202个，数量规模稳居全国前列。二是数字产业集群规模巨大。截至2021年，浙江拥有数字经济核心产业规模以上企业7098家、数字经济小镇30家、数字经济"万亩千亿"产业平台13家，是数字经济产业集聚的主阵地。三是产业数字化变革不断深入。浙江产业数字化水平居全国第一位。截至2021年，浙江累计认定未来工厂32家、智能工厂（数字化车间）423家；网络零售额突破2.5万亿元，较上年增长11.6%，稳居全国第二位；智慧农业的总体数字化发展水平稳居全国第一位。四是数字治理水平高超。2021年浙江省依申请政务服务事项"一网通办"率为85.0%。在数字抗疫中首创"健康码"，成为精准防控的重要工具。五是数字科创动能强劲。2021年，浙江规模以上数字经济核心产业研发强度达到7.3%，为全社会研发投入强度的2.5倍。六是数据价值红利不断释放。截至2021年，浙江省已开放1.96万个数据集、59.1亿条数据，"中国开放数林指数"连续两年居省域标杆第一位。

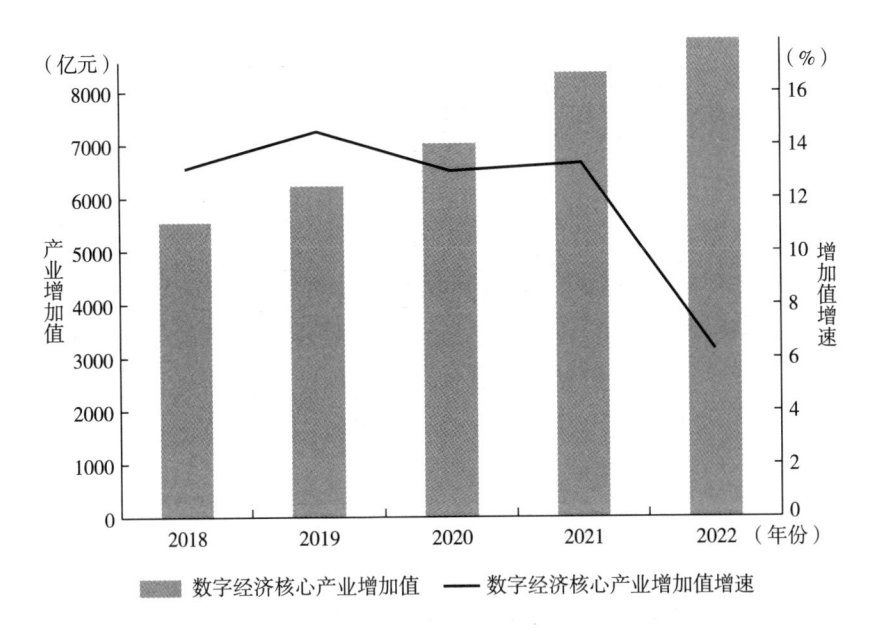

图 6-1　2018—2022 年浙江省数字经济核心产业增加值及增速

资料来源：浙江省经济和信息化厅。

第二节　浙江数字经济发展对劳动力市场及收入分配的影响

一　数字经济对劳动力市场的影响路径

数字经济对劳动力市场的影响是复杂的，既有技术进步的一般性影响，也有数字经济的特殊性影响；既会影响就业规模和就业结构，也会影响就业形态和就业保障；既有就业替代的一面，也有就业创造的一面。综合来看，数字经济对劳动力市场的影响主要有三种效应：技术进步效应、数实融合效应和新业态创造效应（见图 6-2）[1]。

---

[1] 胡拥军、关乐宁：《数字经济的就业创造效应与就业替代效应探究》，《改革》2022 年第 4 期；戚聿东、刘翠花、丁述磊：《数字经济发展、就业结构优化与就业质量提升》，《经济学动态》2020 年第 11 期；孟祺：《数字经济与高质量就业：理论与实证》，《社会科学》2021 年第 2 期。

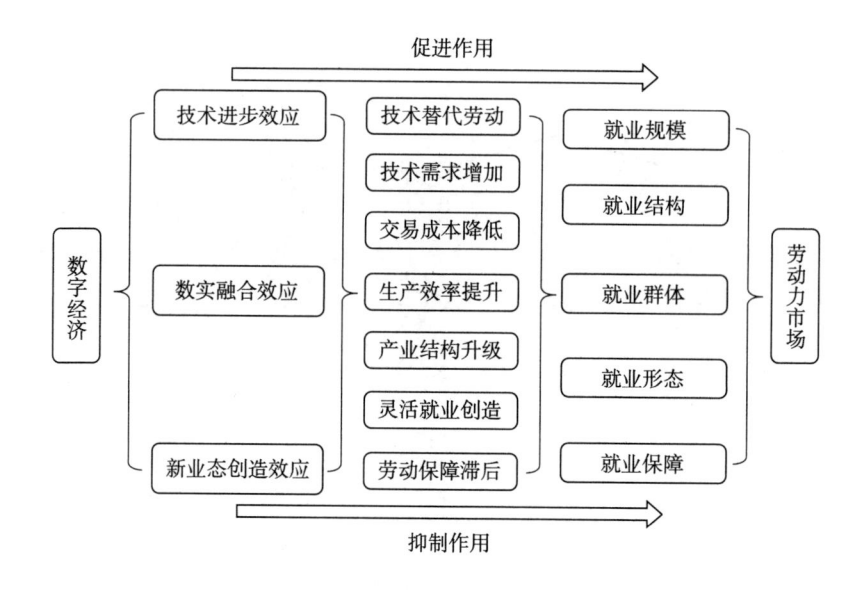

图 6-2 数字经济影响劳动力市场的作用路径

技术进步效应指互联网、大数据、人工智能和区块链等数字技术进步和应用对就业规模、就业结构和就业群体的影响，往往是就业替代大于就业创造。首先，技术替代劳动会抑制企业对劳动者的需求，减少就业规模。其次，技术带来生产效率提升，会刺激社会对技术的需求，从而增加对技术就业者的需求。同时，若技术进步速度过快，超出劳动者自发的学习和适应的速度，会使得更多劳动者的技能供给难以满足企业发展的技术需要，加重结构性失业。最后，数字技术的互联互通性极大降低了供需连接和匹配的交易成本，这使得劳动供给方和需求方能更快地完成信息沟通和供需配对，减少了摩擦性失业的出现，对就业数量扩大有一定积极影响。

数实融合效应是数字经济与实体经济深度融合的过程中对就业规模和就业结构产生的多重影响。首先，数字技术广泛运用于实体经济各行业时，能推动各类资源要素快速流动，发挥数据要素对资本和劳动要素所产生的"乘数效应"，带来全要素生产率的提高，促进生产规模扩大以及新产品的出现和新需求的创造。供给扩大和需求创造会从供需两端引致就业规模的扩大和就业市场的繁荣。其次，数字经济与实体经济融合的过程，也是传统行业实现转型升级，技术、产品等全产业链共同迈向中高端的过程。产业转型升级意味着产业结构的调整，即低效率、低附加值产业的淘汰和迭代以及高创新、高附加值产业的培育和壮大，也意味着劳动力市场中就业行业结构的变化，即高效率产业和高技能劳动者就业比例的相对提高。

新业态创造效应包括各种新业态新产业新模式的就业创造作用以及对劳动者就业保障和就业观念产生的影响。一方面，以平台经济、共享经济和创作者经济为代表的经济新形态不仅带来了产品和服务的创新以及新产业的发展和壮大，而且极大地丰富和拓展了传统的就业业态，促进就业规模的扩大。另一方面，数字技术天然地迭代速度快、渗透能力强，数字经济新业态新模式的创新和发展速度也远远超过了社会保障政策和劳动力市场法律法规的完善和更新速度，再加上平台方往往在劳资博弈中处于主导地位，造成灵活就业中劳动者的社会保障不足，劳动者权益被侵犯的现象时有发生，对就业质量产生一定消极影响。此外，以创作者经济为代表的新业态已形成示范效应，即越来越多的人成为自媒体主理人（如网络主播、B站UP主、各类平台的博主等）的现象正吸引越来越多的人选择创作者经济并形成正向循环，这使得劳动者尤其是以大学生群体为代表的年轻就业者的就业观念更加自主灵活，终身学习、不断进步的就业理念更加深入人心。比如有学者基于智联招聘数据的研究发现，近80%的求职者向往成为数字游民，追求不受时间和空间限制的工作[1]。

总体来看，数字经济通过上述三种效应对劳动力市场等产生促进和抑制效应。一方面，数字技术引致的对技术需求的增加、数字经济带来的全要素生产率的提升会使得供需两端共同促使就业规模扩

---

[1] 《胡佳胤：有八成求职者向往成为数字游民》，北京大学国家发展研究院官网，http://nsd.pku.edu.cn/sylm/gd/526837.htm，2022年10月28日。

大；数字经济新业态带来的就业机会创造等，从产业结构升级和宏观经济发展这样的中宏观角度拓宽了劳动者的潜在就业空间；以创作者经济为代表的就业新业态所带来的示范效应则是通过更新劳动者就业观念、提高劳动者自我学习和技能完善的自觉性，从微观行为激励的角度拓展和增加了劳动者的实际就业机会。另一方面，数字技术带来的技术和机器对劳动的替代、产业升级引致的低端低附加值产业的淘汰都收缩了劳动者的潜在就业空间；数字技术过快进步和经济新业态新模式的层出不穷所引发的劳动者技能结构和特点相对落后则增加了部分劳动者实际获得就业机会的难度，抑制了部分劳动者的实际就业机会。

二 浙江数字经济发展对就业的影响结果

数字经济对就业市场兼具创造和抑制效应，具体通过技术进步效应、数实融合效应和新业态创造效应等机制对劳动者的潜在就业空间和就业能力产生作用，最终影响劳动力市场的就业结构、就业群体、就业形态、就业规模和就业保障。

（1）在就业结构方面，制造业就业比重下降，服务业就业比重提升，科技服务业就业规模增速显著高于其他行业。技术进步效应在制造业领域往往会通过技术替代劳动的方式减少企业对劳动力的需求，从而对制造业就业规模产生负向影响，但技术进步效应所引致的技术需求增加会使得依赖数字技术的信息与通信技术（ICT）行业规模和就业规模扩大。而新业态创造效应所引起的新模式创造和灵活就业增加则主要体现在服务业领域。许多学者的研究表明，数字经济的发展会提升第三产业的就业比重，并对制造业就业产生负向影响[①]。浙江制造业就业规模也受数字技术进步的影响，呈下降趋

---

① 孟祺：《数字经济与高质量就业：理论与实证》，《社会科学》2021年第2期；戚聿东、刘翠花、丁述磊：《数字经济发展、就业结构优化与就业质量提升》，《经济学动态》2020年第11期。

势，而服务业就业比重明显上升。根据《浙江统计年鉴》①，2015—2019年，浙江制造业就业数量从1400.7万人减少至1340.2万人（见表6-1）。而浙江发达的平台经济和电子商务则激发促进了服务业的发展和第三产业就业比重的上升。2015—2021年浙江省第三产业就业规模从1464万人增加至1964万人，年均增长4.3%；第三产业就业比重从43.6%提升至50.4%。对比2019年和2015年分行业的就业规模发现，典型的数字经济行业如信息服务业就业增加0.41倍，科学研究和技术服务业就业增加0.84倍（见表6-1）。

表6-1　　　　2015—2019年浙江省分行业就业规模　　　　单位：万人

行业	2015年	2016年	2017年	2018年	2019年	2019年/2015年
科学研究和技术服务业	36.5	42.8	47.5	50.5	67.0	1.84
文化、体育与娱乐业	19.6	21.1	21.9	24.6	32.4	1.65
租赁与商务服务业	98.8	102.2	118.8	135.2	156.4	1.58
房地产业	42.9	45.2	49.3	52.1	67.1	1.56
教育	72.5	73.8	77.2	79.8	102.4	1.41
信息服务业	58.5	73.6	90.7	97.8	82.3	1.41
卫生和社会工作	46.9	49.8	52.9	55.1	63.3	1.35
住宿和餐饮业	112.5	115.4	119.9	124.4	147.6	1.31
金融业	44.2	48.6	50.5	49.0	53.2	1.20
水利设施业	18.2	20.7	21.1	21.5	21.0	1.15
批发和零售业	517.3	538.4	550.7	570.5	584.1	1.13
电热供应	13.5	14.6	15.0	15.0	14.3	1.06
建筑业	387.5	391.7	398.6	364.6	408.5	1.05
居民服务业	127.8	131.6	136.0	140.9	123.3	0.96
制造业	1400.7	1373.7	1339.2	1350.5	1340.2	0.96
农、林、牧、渔业	492.7	466.2	447.9	437.9	406.8	0.83

① 《浙江统计年鉴》从2020年开始不再公布分行业全口径就业数据，仅公布了分行业非私营单位就业数据。因此，相应指标没有使用2020年及之后年份的数据。

续表

行业	2015年	2016年	2017年	2018年	2019年	2019年/2015年
交通运输、仓储及邮政业	151.4	157.9	166.1	173.4	110.4	0.73
采矿业	2.6	2.2	1.8	0.8	1.3	0.50
总计	3733.7	3760.0	3796.0	3836.0	3875.1	1.04

注：部分行业用简称。

资料来源：历年《浙江统计年鉴》。

（2）在就业群体方面，数字经济使得高技能劳动者比例上升。技术进步效应和数实融合效应都增加对数字技术的应用和研发需求，因而增加了对高技能劳动者的需求，但新业态创造效应主要影响零售、餐饮、物流配送以及本地生活服务等技能要求门槛较低的服务业，因而为低技能劳动者创造了大量就业岗位，总体上实际的技能结构变化并不确定。阎世平等利用我国2001—2015年省级面板数据进行研究，发现数字经济发展水平的提高减少了对高中和初中学历劳动力的需求，增加了对小学及以下、大学专科及以上学历劳动力的需求①。叶胥等也发现数字经济增加值规模的扩大会使得就业群体中大专及以上学历的高技能劳动者占比提升②。陈斌开和马燕来的研究发现数字经济的发展对发达国家和发展中国家就业市场的技能结构影响存在差异：发达国家中等技能劳动者占比不断下降，低技能和高技能劳动者占比相对上升，而发展中国家低技能劳动者占比下降，高技能劳动者占比上升③。根据《浙江统计年鉴》④，对比2016年和2019年非私营单位职工素质情况可以发现，高素质劳动者规模

---

① 阎世平、武可栋、韦庄禹：《数字经济发展与中国劳动力结构演化》，《经济纵横》2020年第10期。

② 叶胥、杜云晗、何文军：《数字经济发展的就业结构效应》，《财贸研究》2021年第4期。

③ 陈斌开、马燕来：《数字经济对发展中国家与发达国家劳动力市场的不同影响——技能替代视角的分析》，《北京交通大学学报》（社会科学版）2021年第2期。

④ 《浙江统计年鉴》从2020年开始仅公布了"分行业规模以上单位职工素质情况"，口径与之前不可比。因此，相应指标没有使用2020年及之后年份的数据。

增加且比例明显上升。2016年和2019年非私营单位职工中大学本科及以上、大专学历人员分别增加16.0万人、4.8万人，占比分别提升4.2%、2.3%；中专及高中、初中及以下分别减少41.8万人、86.9万人，占比分别下降1.6%、5.0%（见表6-2）。

表6-2　浙江省2016年和2019年非私营单位职工素质情况

单位：万人，%

学历	2016年	2016年比重	2019年	2019年比重	比重变化	数量变化
大学本科及以上	235.3	22.2	251.3	26.4	4.2	16.0
大专	168.4	15.9	173.2	18.2	2.3	4.8
中专及高中	264.9	25.0	223.1	23.4	-1.6	-41.8
初中及以下	392.3	37.0	305.4	32.0	-5.0	-86.9
总计	1060.9	—	953.0	—	—	—

资料来源：历年《浙江统计年鉴》。

（3）在就业形态方面，平台经济带动就业新形态作用明显。数字经济通过新业态创造效应极大地改变了就业方式和就业形态，产生了大量灵活就业人员。我国灵活就业规模巨大且全球领先，根据国家统计局数据，2021年年底我国灵活就业人员达2亿人，占全部就业人员的26.7%；根据2020年国际劳工组织发布的《中国数字劳工平台和工人权益保障》报告，我国平台从业者占全部就业人口比重（2019年9.7%）远高于英国（2016年4.0%）、德国（2017年1.8%）、美国（2016年约0.5%）等发达国家。浙江是我国平台经济最大的地区之一，新业态创造效应尤其明显，对就业规模的稳固增长贡献巨大。根据浙江省统计局数据，截至2022年7月，浙江有各类网络交易平台310个，平台上经营者数量超过1100万家，占全国总量近半数；浙江个体从业人数达1001.6万人，占全国总数13.7%，位居全国第四。《浙江省新型贸易发展"十四五"规划》显示，2020年浙江电子商务直接带动就业约186.8万个，间接带动就业491.3万个。

（4）在就业规模方面，总量持续扩大。虽然技术进步效应引致的技术替代劳动会使得制造业就业规模减小，数实融合效应也会使得传统行业的一些就业岗位减少，但是新业态创造效应引致的灵活就业增加不仅会弥补就业的减少，还会使得就业规模整体上依然是扩大的。一些学者研究发现数字经济发展对城市就业有显著的正向影响[①]，其中新业态就业贡献巨大。从各省份看，数字经济发展水平越高，就业规模也往往越高。根据王娟等编制的数字生态指数[②]，2021年分省份数字生态指数与2020年各省份城镇就业数量的相关系数约为0.6。各省份数字经济发展水平与城镇就业总数具体见图6-3。2014—2021年，浙江省总体就业规模从3459万人增加至3897万人，年均增长1.72%，高于同期常住人口年均增速（1.51%），其中灵活就业贡献明显。从浙江各地区看，数字经济发展越好的地区，就业规模越大，第三产业就业人员越多。2020年浙江分地区数字经济得分[③]与2021年就业总数的相关系数约为0.7；与第三产业就业人数的相关系数约为0.8。浙江省分地区数字经济发展水平与就业总数具体见图6-4。

（5）在就业保障方面，灵活就业劳动保障虽不断完善但仍明显不足。由于数字经济、平台经济的普遍发展，以外卖小哥、网约车司机、网络主播、网约家政服务员等为代表的灵活就业人员具有工作场所流动化、工作时间弹性化、用工关系零工化等特征，政府、平台企业、与平台合作的第三方劳务公司、灵活就业人员间的社会保障权责关系难以界定，针对这一群体的社会保障往往不足。但浙

---

① 黄海清、魏航：《数字经济如何稳就业——机制与经验分析》，《贵州财经大学学报》2022年第1期；王栋：《数字经济发展对就业影响研究——基于我国部分城市数据的实证分析》，《价格理论与实践》2020年第12期。
② 王娟等：《中国数字生态指数的测算与分析》，《电子政务》2022年第3期。
③ 该数据来自浙江省统计局及浙江省经济和信息化厅联合发布的《2021浙江省数字经济发展综合评价报告》。

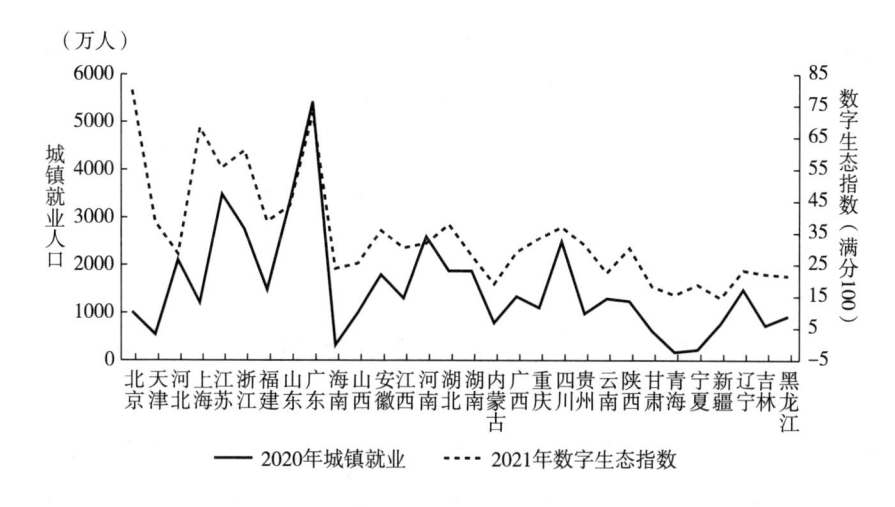

图6-3 各省份数字经济发展水平与城镇就业总数

注：2021年数字生态指数根据2020年数据编制。

资料来源：《中国统计年鉴》、王娟等（2022）。

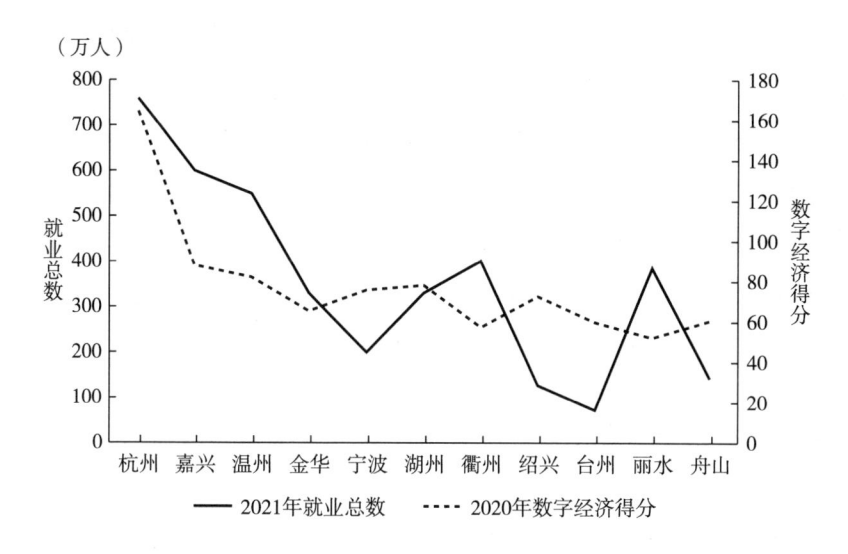

图6-4 浙江省分地区数字经济发展水平与就业总数

资料来源：《浙江统计年鉴》、浙江省经济和信息化厅。

江在完善劳动者权益保障方面已经走在全国前列。比如，2021年，浙江率先放开了灵活就业人员在就业地参加企业职工基本养老保险、基本医疗保险的户籍限制，支持新就业形态劳动者单险种参加工伤保险。尽管如此，由于新业态就业发展速度快，变化层出不穷，对传统的就业方式、劳动关系等产生重要影响，比如外卖、快递、网约车等职业的工作稳定性仍不足，工作时间仍较长，劳动保障程度仍不够。

三 浙江数字经济发展对收入分配的影响结果

数字经济通过技术进步效应、数实融合效应和新业态创造效应影响就业市场进而影响劳动力收入水平和居民收入分配，最终对城乡差距、地区差距和行业差距产生影响。从积极影响看，数字经济能促进劳动力、资本、技术和数据等要素在地区、城乡、行业间更自由流动，从而优化资源配置并缩小地区、城乡和行业间收入差距。比如，数字技术提高劳动力市场的信息流通和数据分析能力，从而降低人力资源的错配；数字技术推动金融科技发展，并促进金融信息的流动以及金融监管技术的进步，从而促进资本在地区间更有效的配置；数字技术对技术环境改善具有外溢性，促进各领域技术融合创新，并且数字技术与金融业的融合发展也能促进技术创新更好地转换为市场所需的产品；数字经济与实体经济的融合促进实体行业的数据收集、价值发现和市场交易，间接推动数据市场建设；平台经济、共享经济等新业态有利于不同群体（包括低技能劳动者）成为分享数字红利的一分子；等等。从消极影响看，地区、城乡和行业间"数字鸿沟"的存在使得地区间、城乡间和行业间不均衡地使用数字技术，反而会拉大差距。地区和群体间"数字鸿沟"的存在是数字经济无法赋能全体居民的重要阻碍[①]。比如，无法接入互联网的群体难以享受互联网的信息价值，会在无形中失去许多潜在的就业和发展机会；数字技术进步也会使得一些劳动者技能相对落后，

---

① 陈文、吴赢：《数字经济发展、数字鸿沟与城乡居民收入差距》，《南方经济》2021年第11期。

可能失去原有的就业机会。

（1）数字经济发展推动浙江城乡差距缩小。数字经济发展通过驱动数字乡村建设使得乡村也能依托数字技术分享数字红利，有利于缩小城乡收入差距。一是数字技术的进步、应用和普及推动农业生产的信息化，提高农业生产效率，促进了农民增产增收。二是电子商务等数字经济新业态的发展极大地降低了交易成本，促进了农产品销售，稳定和拓展了农产品收入。三是数字经济促进普惠金融发展，提高了农民的信贷可得性，激发了农民创业的活力，拓展了农民的非农收入。但是，若城乡数字基础设施存在较大差距，意味着乡村不能像城市一样更好地分享数字技术带来的发展机遇，则会拉大城乡差距。浙江数字乡村建设全国领先，根据农业农村部发布的《2021年全国县域农业农村信息化发展水平评价报告》，2021年浙江县域数字农业农村总体发展水平达到66.7%，居全国第一位，远高于江苏（56.5%）和上海（55.0%）。根据浙江省和国家统计局数据，2015—2022年，浙江农村居民家庭人均可支配收入从2.1万元增加至3.8万元，年均增长7.0%，快于全国平均的6.4%；浙江城乡居民收入差距从2.07降至1.90，缩小幅度为8.2%，而同期全国从2.73降至2.45，缩小幅度为10.3%。浙江农村居民收入远高于全国平均，城乡居民收入差距程度也远低于全国平均，但在数字乡村和数字经济的赋能下农村居民人均可支配收入增速和城乡收入差距缩小程度还能与全国保持同步。

（2）数字经济发展推动浙江地区差距缩小。数字经济发展会降低信息搜集成本，促进劳动力在地区间的流动，使得欠发达地区人群也能获得发达地区的劳动收益，从而降低地区间收入差距。但若地区间存在"数字鸿沟"，则反而不利于地区差距的缩小。浙江省第七次人口普查数据显示，2020年省内流动人口较2010年增加129.4万人，其中省内跨县流动人口比重提升6.4个百分点，这意味着浙江省内地区间劳动力流动更加自由，劳动力资源在省内配置更加有效，这有利于地区间收入差距的缩小。基于浙江省及各市统计局公布的居民人均可支配收入数据测算，2013—2022年浙江省各市间居民人均可支配收入变异系数从0.171逐渐下降至0.140。但目前浙江省各市间数字经济发展水平差距比较大，2020年杭州数字经济核心产业增加值为4284亿元，占GDP比重超过1/4；嘉兴数字经济核心产业增加值507亿元，占GDP比重为9.2%；而舟山、丽水等地数字经济核心产业增加值均不到50亿元，占GDP比重不足4%（见表6-3）。这说明浙江省"数字鸿沟"比较明显，未来应当着力推动地区间数字经济的协调发展。

表6-3　　2020年浙江省分地区数字经济核心产业增加值及其占GDP比重　　单位：亿元，%

地区	2020年GDP	2020年数字经济核心产业增加值	2020年数字经济核心产业增加值/GDP
杭州市	16106	4284	26.6
嘉兴市	5510	507	9.2
温州市	6871	481	7.0
金华市	4704	296	6.3
宁波市	12409	745	6.0
湖州市	3201	163	5.1
衢州市	1639	61	3.7
绍兴市	6001	216	3.6
台州市	5263	174	3.3
丽水市	1540	46	3.0
舟山市	1512	26	1.7
浙江省	64613	7019	10.9

资料来源：《浙江统计年鉴2021》、浙江省经济和信息化厅。

（3）数字经济发展导致浙江行业间收入差距扩大，与数字经济相关产业的平均工资增长更快。技术进步效应和数实融合效应均能提高全要素生产率和行业生产效率，但不同产业间数字化水平的差异[①]客观上造成了不同产业不能均等地分享数字技术带来的交易成本降低、全要素生产率提升以及范围经济和网络效应的红利。同时，在数据资源成为生产要素以后，分配制度的改革相对滞后，虽然其他行业也为数字经济核心产业的发展提供了数据资源，但并未足够分享数据带来生产效率提升和规模扩大所产生的回报，数据要素回报往往只留存在数字经济核心产业内部，因而造成数字经济行业收入水平增速更快。根据历年《浙江统计年鉴》，2016—2021年浙江非私营单位就业人员平均工资从7.3万元增加至12.2万元，增长67.1%；行业间平均工资最大值、最小值之差从10万元上升至20万元，最大值、最小值之比从3.2上升至4.3。数字经济核心产业收入增速更快，2016—2021年非私营单位信息服务业就业人员平均工资从14.6万元增加至25.8万元，增长76.7%，在基数高的情况下依然快速增长。

第三节　浙江经济数字化转型中劳动力市场改革路径

一　加快建设数字经济基础设施

强化与数字经济相关的创新基础设施建设。创新基础设施较信息基础设施和融合基础设施处于创新链的前端。政府既要增加数字研发投入，健全数字创新研发成果的评审、奖励和应用机制，强化对于数字关键技术和基础研究的科研攻关，又要积极鼓励社会创新，打造一批数字科技企业孵化器、数字技术转移中心等创新服务设施，推动数字技术的市场价值实现反哺前沿数字技术的研发投入，促进市场信息和消费需求倒逼创新基础设施建设。

---

① 根据中国信息通信研究院《中国数字经济发展研究报告（2023年）》，2022年中国农业、制造业、服务业数字经济渗透率分别为10.5%、24.0%和44.7%。

在数字基础设施建设中处理好短期与中长期的关系，兼顾经济效益和社会效益。一是要协调长短期目标。避免受短期的绩效、业务、项目目标导向造成的扎堆建设、重复建设问题，实现数字基础设施建设长周期系统建设目标与短期建设规划之间的协同联动。二是要兼顾经济效益和社会效益优化布局。优化数字基础设施的建设空间布局，加强数字基建在党建、经济、文化、社会、生态等领域的横向覆盖以及市、县、乡等不同层级的纵向覆盖。

二 加快数字经济人才培养

健全数字经济人才教育体系。在高校专业设置上，鼓励普通高校、职业院校等加快建设与数字经济相关的学科，既要积极发展数字经济领域新兴专业，前瞻性布局大数据、人工智能、区块链等前沿学科，又要鼓励学科交叉融合，促进数字经济领域学科与其他学科的交叉融合，比如，大力推动数字技术所涉及的信息技术等学科与实体经济所涵盖的工科和经管等学科的融合发展，还要注重传统学科行业的数字化转型，比如与农业结合而成的智慧农业，与城市规划和设计结合而成的智慧城市，与政治学、行政管理等结合而成的数字政府，等等。在人才培养路径上，支持院校和数字经济企业深度合作，建立一批产教深度融合的数字经济教学和实践基地，鼓励联合打造数字人才订单式、定制化培养平台。

健全数字经济人才培训体系。一要发挥高校、龙头企业和社会培训机构作用，搭建数字化终身学习教育平台，加强全民的数字职业培训，为技术老化、教育不足以及需要职业转型的各类年龄群体提供再教育和更新知识结构的机会。二要发挥企业人才培养主体作用，鼓励企业建立数字人才内部选拔培养、人才开发的制度体系。可遴选典型企业的代表性案例进行宣传奖励并加以推广。

完善数字经济人才发展保障机制。一是建立健全数字人才评价制度。围绕数字经济产生的新职业、新技能、新工艺，不断健全技能人才评价制度，推进数字经济领域职业资格、职业技能等级与专业技术职称有效衔接。二是健全和完善数字人才激励机制。可根据数字科创人才的创新潜力、专业背景等，制定有针对性的激励政策，提供良好的上升和发展空间。

三　完善劳动者权益保障

加快用工法律规范的修订完善。一方面，数字经济下出现的用工方式超出了传统通过签订劳动合同所确立的劳动关系所涵盖的范围。因此，需要健全相关法律制度，界定"新型就业群体"范围，拓展原有的劳动关系标准，将其纳入法律政策保护的框架，保障劳动者最低收益权、休息权、安全权等，对于新业态下的灵活用工和就业关系需要制定更为明确的细则和指导意见。同时，需要规范雇主责任，明确相关企业在运营中应当采取的风险管控措施，明确其承担劳动者安全教育培训职责，提供必要的安全设备等。另一方面，在出台有关用工法律政策时，应兼顾鼓励数字经济创新发展与保护劳动者合法权益，提高法律政策的可行性、可持续性。

健全劳动者保障体系。对于在新就业形态下出现的从业者参保难和参保意愿低等问题，可以通过借鉴国际劳工组织通行的三方性原则，建立政府、平台企业、从业人员三方共同参与的劳动保障基金。加强安全保障，提升劳动者人身安全险的投保水平，加大平台、商家、企业对劳动者人身安全险投保成本责任的承担。健全新业态下就业群体的医疗、工伤、失业等保险体系，建立统一信息经办平台，适应新就业形态下劳动者就业灵活的特点。通过平台化劳动者信息登记，结合企业申报和劳动者自主填报的方式，实施对用工单位的监管，确认从业人员，做到应保尽保。

建立多渠道的劳动争议解决渠道。针对劳动纠纷建立多元化的解决渠道，落实第三方的调解作用，通过政府、社会团体、社会机构等第三方介入劳动纠纷进行调解，缓和劳资关系。充分发挥工会的桥梁纽带作用，倾听劳动者的诉求，积极与企业展开协商，解决诉求，维护职工的合法权益。建立劳动者相关的维权网，及时收集劳动者权益维护需求，核实并移交相关部门进行处理。对于重大的劳动者权益受侵害事件，政府需主动积极提供便捷可靠优质的法律咨询和法律援助服务，充分保障劳动者合法的就业权益。

附　录

调研报告一　湖州市人口老龄化与推进城乡融合发展的问题与对策研究

湖州市是"绿水青山就是金山银山"理念的诞生地、中国美丽乡村的发源地。党的十八大以来，习近平同志先后12次对湖州发展作出重要指示，对湖州提出"再接再厉、顺势而为、乘胜前进"的新期望、新要求。湖州市认真落实总书记指示精神，贯彻落实党中央、国务院和浙江省的决策部署。在此过程中，湖州乡村面貌得到极大改善，城乡融合发展走在了全国前列。然而，在全国人口老龄化的大背景下，湖州市人口老龄化也在不断深化，湖州也在不同程度上面临着全国层面在人口老龄化时代面临的问题。在这种形势下如何保持湖州经济社会快速发展势头，巩固在生态文明建设、乡村振兴方面的领先地位，为浙江省共同富裕示范区建设做出应有的贡献，需要认真思考。

一　湖州市人口老龄化的现状和趋势

从户籍人口来看，湖州市2021年60岁及以上人口达72.6万人，占全市户籍人口比重约为27%，老龄化程度较为严重。从图A-1-1可以看出，湖州市60岁及以上人口占比呈现稳步上升的趋势；人口老龄化增速自2014年来逐渐放缓，近年来保持在2%左右。从图A-1-2可以看出，湖州市老龄化程度在浙江省内也处于较高水平，2021年排在第四位。

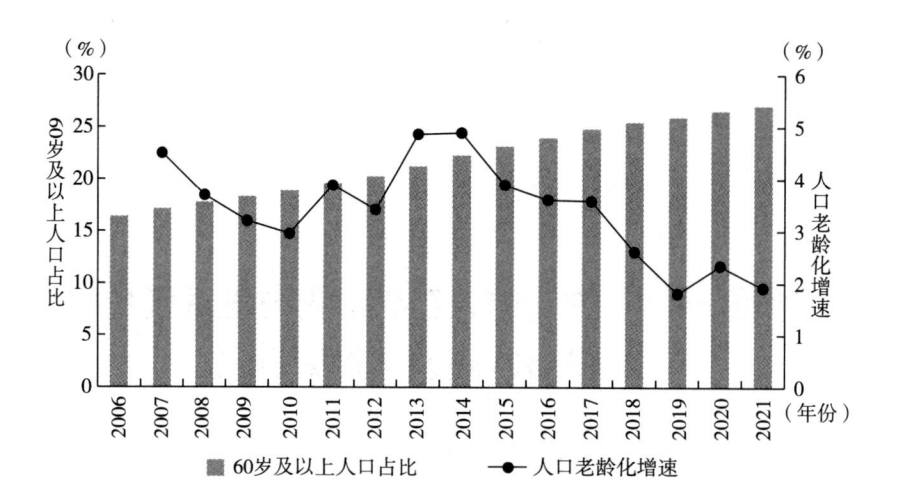

图A-1-1 湖州市人口老龄化趋势

资料来源：历年《湖州统计年鉴》。

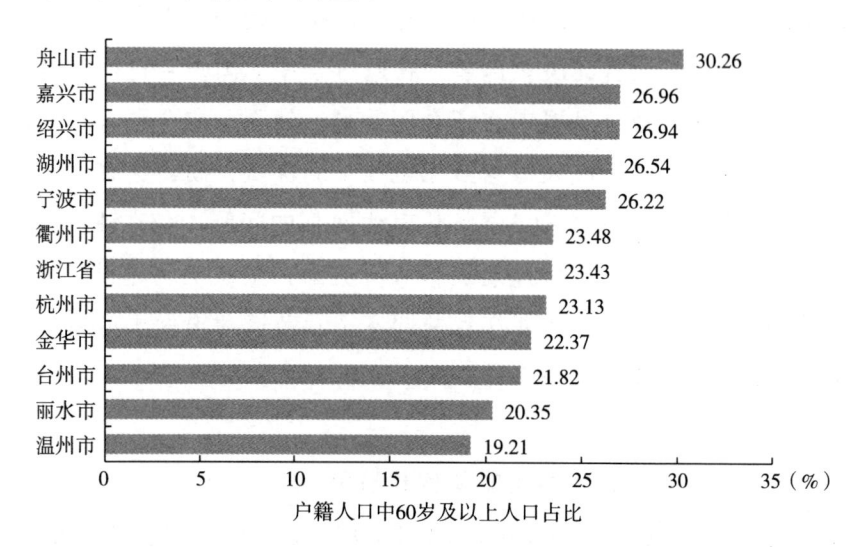

地级市	户籍人口中60岁及以上人口占比(%)
舟山市	30.26
嘉兴市	26.96
绍兴市	26.94
湖州市	26.54
宁波市	26.22
衢州市	23.48
浙江省	23.43
杭州市	23.13
金华市	22.37
台州市	21.82
丽水市	20.35
温州市	19.21

图A-1-2 2021年浙江省各地级市户籍人口中60岁及以上人口占比

资料来源：《浙江统计年鉴2021》。

图 A-1-3 显示了湖州市各区县户籍人口中 60 岁及以上人口占比。其中，老龄化程度最高的是南浔区，2020 年 60 岁及以上人口占比为 32%，显著高于其他区县和全市平均水平（27%）。其次为德清县和吴兴区，2020 年老龄化率分别为 28%、26%。长兴县和安吉县老龄化程度最低，2020 年老龄化率分别为 24% 和 24%。在湖州市 5 个区县中，南浔区人口老龄化增速高于全市平均水平，与其他区县的老龄化差距在日渐增大，2005 年南浔区老龄化程度超过全市平均水平 3 个百分点，而至 2020 年，这一差距已达 5 个百分点。

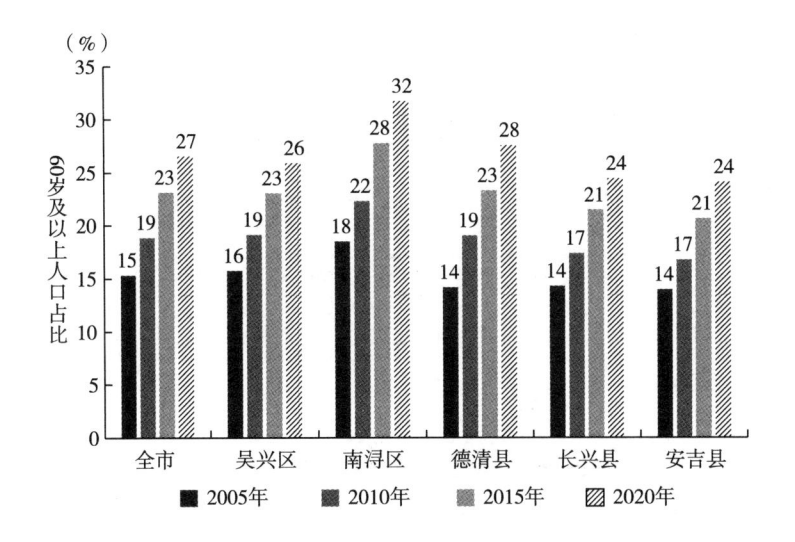

图 A-1-3 湖州市各区县 60 岁及以上人口占比对比

资料来源：历年《湖州统计年鉴》。

有效应对人口老龄化需要有物质财富作为基础和保障，我们这里考察全国城市和地区的财政收入和 GDP 与老龄化的关系，以了解湖州应对人口老龄化的物质保障情况。图 A-1-4 上图显示了湖州人均财政收入和人口老龄化程度之间的关系，可以看到湖州（用圆圈显示）位置在人口老龄化平均值（水平虚线）的上方和人均财政收入均值（垂直虚线）的右方，人口老龄化水平和人均财政收入分别排在全国地级区域的第156位和第27位，这就意味着湖州财政收入水平和人口老龄化水平都相对较高，但从相对距离看，经济发展水平比人口老龄化水平距离均值线更远，相对来说湖州有更充分的财政投入来应对人口老龄化。人均GDP水平和人口老龄化的关系与之类似（见图A-1-4下图），其中人均GDP排名全国第45位。总体上看，在全国城市整体格局中，湖州的财富创造能力相对于人口老龄化处于更优越的位置，从而可以有更多的应对手段。

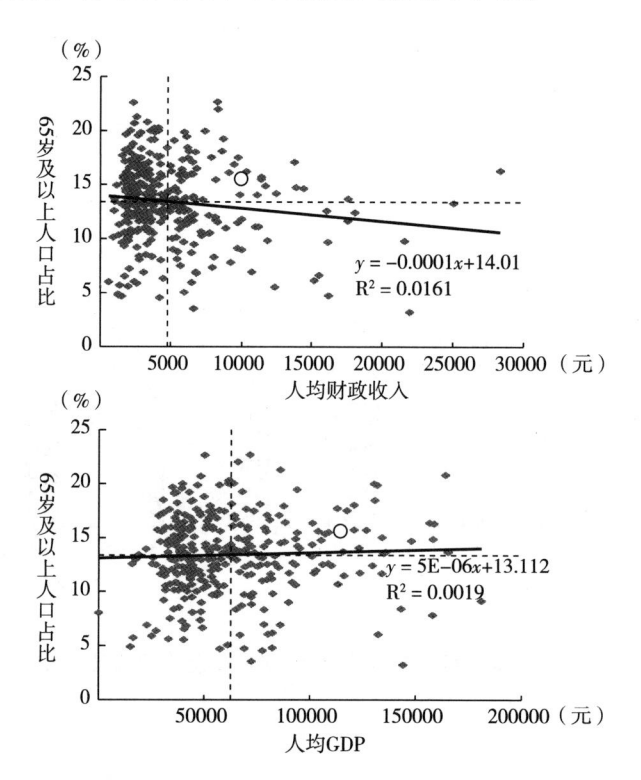

图A-1-4　湖州的人口老龄化、人均财政收入和人均GDP在全国位置

资料来源：人口数据由课题组根据各地区第七次全国人口普查资料搜集汇总得到，财政收入和GDP数据来自CEIC数据库。

二　人口老龄化背景下湖州市城乡融合发展面临的问题

（一）湖州市城乡融合发展现状和趋势

湖州市2021年全市常住人口城镇化率超过66%，城市建成区面积达到277平方千米,在城乡融合发展方面一直是浙江省的先头阵地。2019年,湖州市和嘉兴市一起被列入首批国家城乡融合发展试验区名单;湖州市德清县作为国家户籍制度改革试点县,率先并轨了33项城乡差异公共政策。在城乡融合发展的道路上,湖州市一直走在浙江省乃至全国前列,计划在2035年成为全国城乡融合样板城市,常住人口城镇化率达到72%。

城乡融合发展要求城市和农村居民生活水平共同提高,城乡收入差距逐步缩小。近20年来,湖州市城市和农村人均收入水平都有了显著的提高。2000年湖州市农村人均收入为4335元,近20年这一数字增长了近10倍,至2021年农村人均收入已经达到41303元,城市人均收入为67983元。将城市人均收入与农村人均收入之比记为城乡收入差距指数,用以反映城乡收入差距。从图A-1-5可以看出,湖州市城乡收入差距指数在近十几年不断下降,表明城乡之间的相对收入差距在不断缩小。2013年后,湖州市城乡收入差距指数

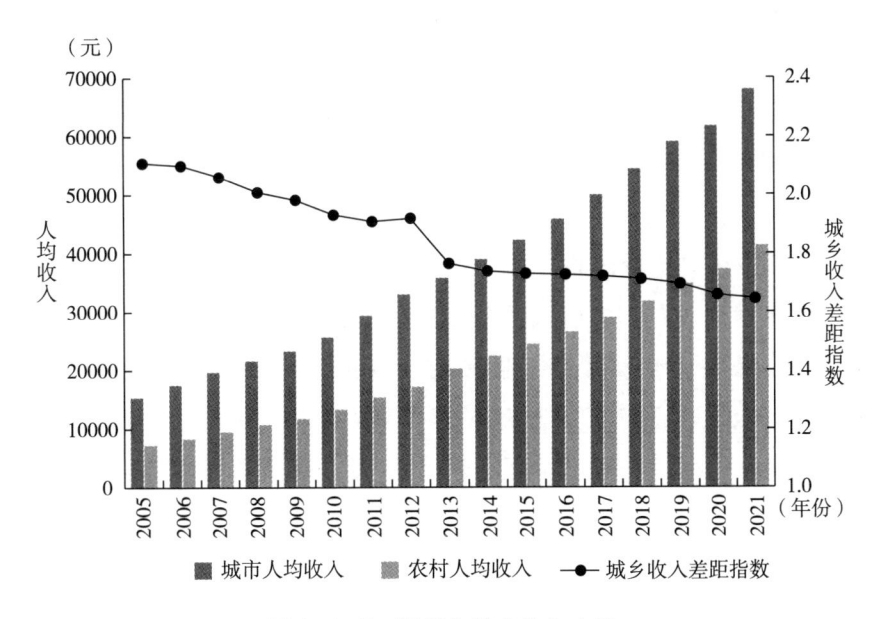

图 A-1-5 湖州市城乡收入水平

资料来源:历年《湖州统计年鉴》。

下降速度放缓,但是仍然表现出继续下降的趋势。2021年湖州市这一差距指数进一步缩小到1.65,在浙江省内处于前列。

城乡融合发展的另一个方面体现在城乡之间生产要素的畅通流动,湖州市在破除城乡要素流动障碍方面探索较早。湖州市的农民"确权、赋权、活权"工作在全省起步较早,2015年就已经全面完成农村集体资产确权和农村集体经济股份制改革,实现"三权到人(户)、权随人(户)走"。在农村承包土地经营权抵押贷款、宅基地有偿退出和集中安置、农田水利设施确权颁证等相关方面,湖州市也一直走在全省前列。湖州市德清县被选为农村集体经营性建设用地入市试点城市后,围绕"谁来入市""哪些地入市""怎么入市""钱怎么分"等核心问题探索开展相关制度设计,形成的一系列创新做法,被新修正的《中华人民共和国土地管理法》、国家部委政策吸收采纳。湖州市2021年完成政府公示地价体系建设,是浙江省第一个实现市区县全覆盖的设区市,为实现农村集体经营性建设用地与国有建设用地"同价同权"奠定了基础。2020年全市土地流转率为71.3%,2021年达到73.8%。截至2022年6月,湖州市已经实现农村集体经营性建设用地入市293宗,总面积达到2283亩,入市总成交额7.33亿元,其中集体收益5.63亿元,惠及农民24.5万余人。

在城乡公共资源配置方面,湖州市较早开始城乡医疗资源一体化建设。医疗服务共同体模式发源于湖州市德清县,在2019年湖州市就实现了医共体全面覆盖,做到村、乡镇、县级医疗单位一本账,实现了县级优质医疗资源和基层医疗卫生机构的一体化,并且通过体系改革实现了医疗资源的自愿下沉。湖州市曾在国家卫生健康委新闻发布会上作典型发言,介绍经验。

(二)人口老龄化对城乡融合发展带来的挑战

1. 劳动力短缺,限制产业发展

人口老龄化对农业产业的冲击主要体现为劳动力供给不足。在人口老龄化的大趋势下，年轻人占比减少，青壮年劳动力供给数量相对下降，这对我国当前农业产业负面影响巨大。与此同时，农业生产率相对较低，年轻劳动力被吸引向农业之外的其他产业如科技产业、服务业等。这种结构性因素导致的人才流动进一步加剧了农业产业的劳动力不足。根据湖州市的统计数据，全市第一产业从业人员为19.23万人，与2017年相比减少了1.83万人。在从业人员数量减少的情况下，人才质量问题也逐步凸显。湖州市与农业相关的高端人才占比很低，农业生产人才支撑力度不够强。资料显示，湖州市农业高端领军人才仅占乡村人才资源的12.8%，其中产业发展高端领军型人才仅占五类英才（产业发展的领军人才、服务乡村的专业精英、双创带动的乡村创客、乡村治理的能人乡贤、各行各业的工匠能手）的0.27%。普通农业从业人员整体素质偏低，在9.36万农村实用人才中，大专以上学历的有6400多人，仅占7%。人口老龄化加剧了农村产业劳动力缺口大、缺少技术人才的困难局面。

人口老龄化带来的劳动力技能不足会加剧农业产业利润较低、抗风险能力较弱的问题。目前，湖州市从事农业工作的群体整体存在年龄结构偏大、身体素质下降等问题。同时，老年人群体相对不容易学习新技能，存在种植作物质量不高的问题，在许多农村地区现代农业机械的应用率也不高，实现农业现代化受到阻碍。许多家庭仍保留着原有的经营和耕作方式，土地利用率和生产效率都处于较低水平，抗风险能力也比较弱，容易受到外部环境的冲击和影响。例如，湖州市单季晚稻的每亩总收益约为1700元（已算入粮食补贴），但生产成本却高达1735元，这也意味着每亩水稻倒赔35元。从实际调研结果来看，许多老年人对于从事农业生产的态度已经从经营转变为自给自足，农业经营意识淡薄，在一些人口老龄化程度较高的乡村，许多老年人无法从事农业种植等重体力劳动，甚至放弃了农田种植，使得土地荒废。在这种情况下，农业生产更加难以吸引年轻劳动力和外部资本，农村劳动力进一步向其他行业流动。农业产业发展进入"利润率低—人口流失—产业难以升级—生产效率相对更低"的恶性循环。原有的农业劳动密集型生产、经营方式已经不适应现代经济发展模式，人口老龄化减少了农村劳动力的数量，降低农村劳动力的质量，加剧了这一恶性循环。当前，急切需要推动农村产业的结构转型和农业产业的升级调整。

由于城乡、城市之间存在差距，人口老龄化也给湖州市的其他非农产业带来了负面影响。湖州市毗邻杭州市、上海市，这两地对于本地青壮年具有虹吸效应。在许多县，从事新兴产业的公司也面临着劳动力不足的问题。从调研结果来看，湖州市有许多绿色家居、生物制药、高端装备制造业相关行业的企业正处于增资扩产的阶段，但是青壮年劳动力不足已经逐渐成为制约企业发展的因素。人口老龄化导致的劳动力不足对城乡融合、城市产业发展带来的负面影响已经开始显现，随着人口老龄化趋势的不断深化，这种影响将逐步增大。

2. 医疗资源不足，医养结合困难重重

相较于资金短缺、设备不足，湖州市医疗体系最为紧张的资源是人才，而且医疗人才资源存在城乡之间的不平衡。以安吉县为例，现有5家县级医院、16家乡镇卫生院、132家村社区卫生服务站。县级医院的在岗执业医护人员共2109人，乡镇卫生院和村社区卫生服务站的在岗执业医护人员只有589人，在岗的乡村医生仅有83人，乡镇医护人员的数量相对较少。人才缺口不仅存在于乡村医院，市、县级医院也面临同样的问题。究其原因，主要是杭州市对湖州市的虹吸效应——湖州市毗邻杭州市，医疗人才更多地偏好留在杭州，即使是湖州本地的医学生，毕业后也更多倾向于到杭州市就业。

杭州市的虹吸效应加剧了乡镇、县域医疗资源不足的问题，在老龄化背景下，这种基层医疗资源不足的情况更为严峻。老年人身体机能下降，伴随患慢性疾病、多重疾病的风险，需要更多的医疗服务资源。城里的老年人相对较为重视身体检查,而农村中的老年人对健康重视程度、追踪程度不高,患有隐藏疾病、并发症的风险更高。一方面,医疗人才的不足使得难以普及对农村老年人基础疾病的筛查追踪;另一方面,老年人一旦患病后难以得到便捷、高质量的医疗服务。根据对农村养老服务需求差(有效需求与服务供给的差距)的相关研究[1],在各类服务中,"康复治疗服务""上门护理服务"和"上门看病服务"存在着最大的需求差,分别达到31%、29.3%、26.4%,说明农村老年人对看病、护理有着较大的需求,且需求未得到满足,缺口较大。更为严重的是,农村医疗资源不仅数量少,而且利用率低。供给和利用之间的差分别为8.7%、8.7%、7.3%,利用率分别为79.1%、65.7%、60.1%[2]。

面对农村老年人对于健康监测的客观需求,医养结合可以使老年人根据身体状况调整治疗方案,是一条可行的途径。但是从湖州市的现状来看,医养结合困难重重。这种困难首先来自老年人对医院的抵触心理。在许多老年人看来,医院是治疗疾病的地方,天然带着病人的属性,因此老年人宁可选择村级的照料中心和养老机构,也不愿选择带有养老性质的卫生院,这种意识在农村尤为强烈。其次是资金问题。目前,养老还未纳入医保体系,无法被医保覆盖,导致老年人不愿意花费资金到带有养老性质的卫生院进行观测。最后,从体制机制上,医疗和养老分别隶属于卫生和民政两大系统,跨部门的协调统筹存在着责任划分不清、沟通不及时的问题,导致医养结合的推进进度不高。在湖州市,乡镇卫生院基本配备住院养老病床,硬件环境较好,但是空置率很高。

3. 养老设施和服务的城乡不平衡

整体而言,湖州市的养老行业入住率低、人才缺口大;从结构来

---

[1] 陈显友:《乡村振兴背景下农村养老服务供给问题研究》,《广西社会科学》2021年第11期。

[2] 陈显友:《乡村振兴背景下农村养老服务供给问题研究》,《广西社会科学》2021年第11期。

看，城乡供需不平衡，养老机构"一床难求"和"一人难求"问题并存。湖州大约有72万老年人口，但入住养老机构的老年人数量大约为5000人，入住率不足1%。市区"一床难求"，养老服务供不应求；农村地区"一人难求"，养老服务供过于求。湖州市区的养老机构大多由旧建筑改造而成，基础条件欠佳，但供不应求，办理入住往往需要排队等号；而农村的养老机构大多为新建住房，硬件设备好，空置率却非常高。究其原因，主要是城乡老年人对养老的认知不同、可支配收入存在差距、城乡养老服务提供的质量不一、乡村老年人分布较为分散。首先，城里老年人更愿意在养老服务项目进行消费，到集中的养老机构进行护理，而农村老年人更倾向于居家养老。其次，城乡收入差距客观存在，农村老年人消费热情不高，有着更明显的储蓄倾向。最后，城市老年人分布较为集中，养老机构可辐射的人群更多，外部性强，规模效应较为明显，能够推动养老机构提高服务质量水平、提供专业化服务；而农村老年人分布较为分散，服务成本高，容易出现硬件设备较好但服务欠缺的现象。

城乡普遍存在的问题是人才缺口大。湖州市目前的养老护理员年龄结构偏大，年轻护理员不愿意从事养老护理工作。养老护理员和医务护理工作性质相似、工作内容大致相同，但是由于养老机构待遇较低，加之社会认同感较差，医护人员更愿意选择到医疗机构工作，形成了养老机构中专业的护理人员配备率低、数量少、离职率高的局面。

养老机构的运营方式仍待探索，"公建民营"的方式难以为继。湖州市一直在摸索养老机构"公建民营"的方式，由政府负责基础设施配套建设，由民间资本进行运营。从执行的现实情况来看，民营化养老的机构大多来自江苏、上海、杭州等地，提供的服务水平较高；但由于老年人消费意愿普遍较低，民营机构难以实现盈利，而这就使得养老机构运营难以为继。同时，由于建设、运营的混合性，公立部分和私立部分的边界划分、责任归属也存在着难以界定的情况。

4. 养老事业财政支出压力在加大

人口老龄化使许多地方面临较大的财政压力。由于人口老龄化程度较高,退休人员所占比例越来越高,养老保险支出增长较快,给财政带来的资金负担逐年加重。此外,有关养老的其他工作支出也较大。民政部门对养老工作的基本原则是"兜底原则"和"适度普惠原则"。兜底工作包含对特殊老年人、困难老年人的补贴;适度普惠则是在财政资金范围内,尽可能对老年服务进行补贴,如提高医保支付比例等。湖州市老龄化程度越来越高,虽然财政投入力度逐年递增,但财政投入的增长率依然追不上老龄化的增速,财政缺口逐渐加大。

在支出快速增加的情况下,养老保险的收入却增长较慢。相对城市,农村可支配收入更低,医疗保险和养老保险的收入相对较少。目前,湖州市市级财政开支主要来自省财政的转移支付,农村基层财政开支的经费基本来源于上级财政拨款和"一事一议"制度,资金自筹能力不强,收入来源少。在市级层面,职工医疗保险基金中参保职工比例较高,能够保持职工医疗基金的结余,在省级统筹之前,大致能保持7—8个月的支付能力,不过结余也在逐年下降;县级、乡镇的财政更为紧张,许多地方的职工医保基金都已出现倒挂。

另外,在城市建设配套设施方面,人口老龄化对养老项目的需求也给财政造成了一定的压力。养老项目作为民生项目有着很高的关注度,但是又存在难度高、风险大、周期长、资金收益率低的特点,对于政府财政带来较大压力。

三 湖州市应对措施

(一)推动农业现代化,发展新型经济,提高资源利用率

改变传统的农业发展方式,使用现代化手段,提高生产率。从业

人员的不断流出、收益率的下降等现象都已经说明传统的农业发展方式无法获得社会平均收益，需要通过现代化手段提高生产率。湖州市的部分村庄已经践行了这条道路，利用现代科技手段，发挥规模化、集成化的优势，减少人力成本。在农业种植方面，湖州市开发了千亩农田集中耕种的试验区，农户可以利用无人机技术对作物进行大规模的播种、施肥、监测。在畜牧养殖方面，大力推广全流程自动化设备应用，建立"自动化运行、数字化管理、精准化投喂"的养殖模式，以此减少人力成本，增加收益。在渔业方面，2022年浙江省推进了渔业产业大脑服务端"浙农渔"项目，帮助养殖户使用网络获得养殖鱼类的病因诊断，远程联系专家进行咨询用药，降低生产成本。

调整经济结构，在乡村发展新型文旅产业，在此基础上以老年人为服务群体，发展银发经济（银发经济主要是指为了满足老年人的特有需求而开发适老化产品、配套服务的产业经济）。近些年来，第三产业发展如火如荼，由于湖州距离杭州、上海等大城市较近，秀美的自然风光很吸引城市中的人群。受疫情的影响，远途出行受阻，周边旅行成了大家的优选。在湖州的大竹园村，村委统一部署，建设了民宿集合中心，设置了不同梯度的民宿体验项目，满足各类游客的需求。例如，高端旅游线配套了悦榕庄、高尔夫场等，年轻的旅游线则配备了露营、房车等，较好地满足了不同层次的需求。民宿村主要由村集体打造，民宿的产权属于农户，由运营公司统一运营管理。由于村户自发改善园区环境，经营第三产业还对村庄环境有正向促进作用。通过集体经营，人均可支配收入在5万元以上；湖州类似的民宿村还有很多，长兴县水口乡顾渚村专门打造了针对老年人的老年乐园民宿村，90%的村民都从事相关产业，吸引了大量的上海老人来此康养度假，通过发展新兴模式，年经营性收入50万元以下的村已基本消除。湖州的经验表明，充分发挥地域优势、比较优势，开发尚未挖掘的需求，在人口老龄化背景下依然能促进产业转型，提高居民收入。

推动人才引进政策，加大人才补贴，促进"人口红利"转为"人才红利"，通过吸引人才来解决老龄化带来的劳动力不足、农村人才短缺问题。湖州市开展了"科技进乡村、资金进乡村、青年回农村、乡贤回农村"的"两进两回"行动，重点培育与乡村振兴相关的产业发展的领军人才、服务乡村的专业精英、双创带动的乡村创客、乡村治理的能人乡贤、各行各业的工匠能手"五类英才"，吸引多元化的人才回乡建设。以"双强"为主攻方向，优化乡村人才结构，每年遴选领军人才15名，支持生物农业、工厂化农业、农机装备制造等新兴产业发展。

充分盘活资源。通过土地流转把土地集中到年轻的大户手中，应用现代农业手段，实现规模化种植。通过土地制度改革，统一收储流转农村撂荒土地，引进优质农业项目；推动农村承包地、宅基地、农业"标准地"三地联动，持续推进农业"标准地"改革；深化农村集体经营性建设用地入市制度，完善农民闲置宅基地和闲置农房政策，探索宅基地所有权、资格权、使用权"三权分置"手段，减少土地的空置率，提高土地的使用效率。

挖掘老年人资源，鼓励老年人参与社会工作。湖州市开展了离退休干部志愿服务组织，鼓励老专家、老知识分子参与面向基层的"送医疗、送科技、送文化"等行动；对有意愿就业的老年人，提供相关就业配套服务。鼓励老年人参与助学、扶困、治水等各类志愿服务活动，使老年人能在志愿活动中收获价值满足。同时，促进银发经济，创新为老服务方式，发展多样化老年产品，例如丰富商业养老保险产品，激发老年人的消费潜力。

（二）建设乡、村一体化的医疗体系，打造医共体

打造县、乡、村医疗资源一体化，以医共体为载体，提高基层医疗水平，推动城乡融合。乡、村一体化是指将村级的医疗卫生院转为乡级卫生院下属，由乡镇医疗机构统一部署基层人员和资金。医共体是指县、

乡、村一本账管理，利用体制机制实现县级医疗资源下沉到村，具体的途径包括由县级医院统一招聘医务人员、任命乡村卫生院主要领导、收入统筹、以医共体为单位划分医保额度（以前三年医共体的保费为基数，将辖区内人员的健康程度与医共体结余挂钩，反向推动基层医院关注辖区人员健康）等。湖州市发布了全省首个医共体地方标准规范，实现了县域医共体建设全覆盖，2020年县域就诊率达90.62%，基本建成"15分钟医疗卫生服务圈"。

保障基本卫生公共服务，提高医保支付比例。湖州市为50—70周岁人群免费开展结直肠癌筛查工作，为65—70周岁人群开展慢性阻塞性肺疾病筛查，为65岁以上老年人提供免费流感疫苗接种、免费体检、建立健康档案、家庭医生签约活动。在医保方面，"十三五"时期末湖州市户籍人口基本养老保险参保率与基本医疗保险参保率分别为98.6%和99.8%，较"十二五"时期末分别增长25.5个和1.8个百分点。对于慢性病，不断提高保障范围、报销标准，开通城乡居民社会养老保险慢性病刷卡结算，报销比例达50%；将老年群体高发慢性病如高血压、糖尿病、帕金森等纳入保障范围，就诊报销比例从55%提高至60%，药品报销比例从30%提高至50%。对于意外险，湖州市政府自2015年起为所有湖州户籍的老年人购买意外险，为低保、低边、特困、失独、高龄的老年人购买双份保险作为医疗保险的补充；为2.09万名困难、孤寡、高龄、独居老年人购买居家养老服务。

提升卫生服务水平，更新硬件设施，建立人才体系。从2021年起，湖州开始通过专项债的形式，加大了对基层医疗机构的医疗设施的投入，如智慧医疗建设、乡镇的卫生机构改建扩建、村级卫生室改建，总投入超过3亿元。其中，改造村卫生服务站，投资1.8亿元，覆盖93家普通型卫生服务站、15家示范型卫生服务站、2家无人健康驿站、4家养老机构服务站，建设医养结合型的健康驿站。在软件方面，提高养老服务人员水平和数量，建立分层分类的养老服务人才培训体系，每万名老年人拥有持证养老护理员数量达13人。为农村社区卫生服务机构定向培养社区医生，由省级财政拨款，本科学费资助额为4.6万元/人，专科资助为2.6万元/人。

建立有效的激励机制，提供基层医疗机构保障支持。湖州市建立了基层医疗卫生机构经常性收支差额补助机制，将基层医疗卫生机构的人员经费、基础设施建设费用、设备购置金、突发公共卫生事件防控所需支出纳入财政预算；对社区卫生服务站进行补贴，对符合设置规划和标准化建设的农村社区卫生服务站、村卫生室，按照新建（迁建）每家30万元、改扩建每家15万元的标准给予一次性补助。

持续推动医养结合深入发展。鼓励有条件的基层医疗卫生机构设置医养结合床位（如康复床位、家庭病床），因地制宜地开展中医康复护理等特色服务。湖州市在医疗机构内设/签约医养协作94家养老机构，建成17家省级康养联合体，建设了6家养老护理员培训基地，养老机构内的护理型床位占比55.5%；支持养老机构开办康复医院、护理院、医务室和护理站等，建成医养结合机构36家，养老机构与医疗机构签约覆盖率达100%。

"十三五"时期湖州市养老服务发展主要指标完成情况具体见表A-1-1。

表 A-1-1　"十三五"时期湖州市养老服务发展主要指标完成情况

指标名称	单位	2015年	2020年目标值	2020年完成情况
每千名老年人拥有社会养老床位（累计建成）	张	—	≥50	58.96
每千名老年人拥有养老机构床位（累计建成）	张	29.5	40	42.6
护理型床位占比	%	32.4	≥55	55.5
民办（民营）养老机构床位占比	%	52	≥70	88.4
养老机构公建民营率	%	13.9	≥60	65.3
居家养老服务照料中心覆盖率	%	65.6	100	100

资料来源：调研资料。

（三）建设养老服务综合体，开办老年大学，丰富养老方式

建设区县养老服务综合体，构建区县、乡镇、村社三级的社区养老服务网络，形式包括老年食堂、嵌入式养老服务机构等。目前，湖州市有4家综合型养老服务中心、88家镇街级和1086家村社级养老中心，基本实现了镇街的全部覆盖。在设施布局方面，坚持"养老机构跟着老人走"的原则，在老年人集聚区布点微型、嵌入型的养老机构，使得老年人可以在熟悉的环境里享受专业的服务。为了让老年人愿意住、住得起，政府为入住养老机构的老年人提供补贴。给予困难老年人床位补助1642元/月，失能老年人3300元/月，基本实现困难老年人"愿住尽住"。养老综合体主要运营模式为公建民营，公建民营率达65.3%，基本方式是政府联合产投城投公司改造闲置土地，民营资金进行后续运营。

湖州市的老年大学目前已形成"市—区县—乡镇（街道）—村（社区）"四级社区老年教育网络，实现区县全覆盖，83.33%的乡镇（街道）建有老年学校，100%的行政村（居委会）建有老年学习点。湖州市积极开展康养联合体建设，建成省级康养联合体试点7家。

（四）开展居家养老（包含社区养老）

由于老年人参加养老机构的意愿不强，居家养老、社区养老是更合适的养老方式。选择居家养老（包含社区养老）的老年人占全市老年人的99%左右。围绕老年人的吃饭、住房、医疗、娱乐需求，湖州市开展了不同的措施。

首先，解决吃饭难的问题。目前空巢老人、独居老人数量较多，湖州市打造了高效的老年助餐体系，完善"中央食堂—照料中心—家庭"的三级配送网络，建设一镇街一餐厅的"家门口的餐厅"，以居委会、村委会订购的方式，由老年餐厅配送到村社区或者老年人家中。政府对老年食堂进行补贴，根据就餐老年人次数或者对外提供配送餐服务人次数进行补贴。对年度正常运营达250天，日均就餐达10人次以上的老年食堂，按照3元/人次的标准给予运行补助，最

高补助5万元。

其次，解决住的需求。湖州市对25个老旧小区完成了适老化改造，为既有住宅加装电梯累计150台；为困难老年家庭进行居家适老化改造累计502户，成功创建省级无障碍村（社区）21个。完善政府购买居家养老服务制度，为2.09万名孤寡、低保及边缘、高龄、独居等困难老人提供居家养老服务。

再次，推进医生进社区的行动，解决老年人健康问题。推进家庭医生签约老年重点人群服务及健康管理工作，湖州市2021年老年重点人群家庭医生签约覆盖率达93.2%，65岁及以上老年人健康管理率在71.3%以上，超过全省平均水平2.1个百分点。

最后，由于子女不在身边，老年人容易感到孤独，因此创建老年友好型社区、帮助老年人丰富文娱生活十分重要。湖州市按照老年人密度进行相应服务中心的配备，在社区里建设养老服务综合体（包括示范型服务中心、基础型照料中心），给老年人提供在家门口养老的生活环境和活动区间，提供了老年人公寓、老年人活动中心（包含影院、舞蹈室、棋牌室、图书馆等）、老年人食堂、老年人医疗保健服务站，老年人可使用社区养老机构配备的医疗设备，及时对健康指标进行观测。湖州市对社区居家养老服务机构实行补助，按照提供服务质量（划分为基础性服务和个性化服务并进行评级）区分5个等级，给予2万—50万元的运行补助。对民办养老机构实施老年人收住补贴政策，按照能力评估结果给予每人每天3—12元的补助，对接收困难老年人入住的照料中心适当增加补贴。

"十三五"时期，湖州市养老服务领域支出5.3亿元，2019—2021年仅市级财政累计安排养老服务体系建设经费1.18亿元（统筹了一般公共预算和福彩公益金的资金）。2022年，市财政预算安排养老服务体系建设经费高达5500万元。

（五）应用智慧化技术，医疗资源惠及农村

应用智慧化技术，为老年人构建健康画像，提高服务精准度。湖州市在原有的健康档案基础上，全面推进健康保险，2021年已经为全市老年人建立了高血压、糖尿病的健康画像，通过算法来评估每位患者的状况，进行分级管理。湖州市将继续推动健康画像建设，以实现全人群覆盖，制定实施了全国首个全人群全生命周期健康管理办法。

通过大数据平台，实现智慧医疗，打通医疗体系。为了使城乡共享医疗资源，湖州市提出了全国首个数字健康城市目标，目前数字健康"万物互联"大平台初步建成，首创"医后付""云药房""影像云"等模式，共享全市药品资源，建成全国首个"无胶片"城市。应用数字技术，联通湖州市700多家基层医疗卫生机构，以医共体为单位协调医疗资源（如专家号、床位、药品等），由基层医院负责采样、检测，由上级医院进行诊疗，提高了基层的医疗水平，实现了医疗资源的共享。通过共享全市药品资源，解决乡镇卫生院药品配备不足的问题；通过专家诊疗，缩小了城乡差距，提高了基层医疗的服务水平。

四 研究发现和启示

（一）发挥乡村比较优势，加强农村非农产业建设，盘活可用土地资源

应对人口老龄化，发展产业才是硬道理。非农产业相对于农业，生产率更高，能够吸引更多劳动力进入，可以帮助农村地区对冲人口老龄化带来的负面影响。农村有保留其特征的重要意义，村寨自然的风光、发展农业的自然条件都是不可替代的珍贵资源。大力发展文旅等非农产业，一方面可以吸纳本地老年人口就业，提高其生活水平；另一方面可以将土地集中管理，更加便于使用现代化技术科学种植、提高农业生产率。利用乡村的"比较优势"，发展特色产业、合理开发土地、提高村民经济收入、减少城乡收入差距，构建区别于城市的人文环境。

为了充分利用农村特色资源发展特色产业，必须提高土地流转

率，打破传统的小农经营模式，实现土地规模化经营。政府要做好基础设施建设，为吸引企业进入打好坚实的物质基础。要完善土地流转的法律制度和监管机制，例如建立分级资格审查和项目审核制度，提供政府服务（例如政策咨询、交易鉴证、权益评估、融资担保），完善与各种土地流转模式相关的社会保险制度，如农业保险、农业补助等，保障土地流转的公平性和透明度，维护农民的合法权益。同时，政府应针对不同土地的需求情况，采取不同的流转模式，例如土地互换、股份合作、返租倒包等，提高农民的积极性。从调研中也发现，土地流转率越高的地区，其经营意识越强，农村非农产业发展也越好。

（二）城乡差异仍然明显，加强老年人口在乡村和城市中的分布特征和需求特点的研究

乡村和城市在基本公共服务、卫生条件方面仍然存在明显差异，除了经济因素，乡村的地理位置、人口密度、自然特征都是导致无法在乡村大规模建设基础设施的原因。要切实了解乡村居住的老年人的需求。乡村老年人的结构特征复杂多样，并非一个单一的整体，而是由不同性别、年龄、文化程度、婚姻状况、健康状况、收入来源等方面构成的多元化群体。例如，贫困地区、边远山区和少数民族集聚地区的农村老龄化程度高于富裕地区、平原地区和汉族地区，空心村、留守村和落后村的农村老龄化程度高于人均收入较高的村落。了解其分布特征，切实了解其生活需求对提高资源的配置和使用效率非常重要。

（三）政府应以服务型为导向，以数字技术赋能产业，利用互联网技术弥补城乡差异

建立服务型政府，实现对老年人需求的精准挖掘，可以显著提高老年人幸福感。不同老年人的身体状况不同，对不同助老服务的需求不同，需要服务提供方根据老年人不同的自理能力提供有针对性的、精细化的服务。湖州市实地调研发现老年人对助浴有很大的需求后，通过政府购买的方式，为老年人提供免费上门助浴服务，得

到了市民好评。目前，依然有大量的潜在需求还未被发现，需要政府发挥引导作用。政府积极推广数字化技术应用可以提高服务效率，一方面获得更多的数据，可以更好地挖掘用户的需求，便于服务与需求的匹配；另一方面也能以更加便捷、精准的方式提供配套服务。例如，在湖州经验中，政府利用数字技术建立老年人健康档案，实时监测老年人的身体状况，提供预警和救助；可以建立老年人服务平台，集成各类助老服务资源，为老年人提供一站式的信息查询、预约、评价等功能。在数字经济高速发展的当下，充分发挥互联网技术，将城市的医疗、教育资源引入乡村，尽可能减少城乡居民在基本公共服务中的差距。政府应以提供服务为导向，利用数字技术提升老年人的生活质量和幸福感。

（四）注重养老行业的可持续发展，做好前瞻布局

政府应积极布局养老事业，做好长远规划。养老事业周期较长，目前国内还没有到养老发展的黄金时期，但随着人均收入的不断提高、人口老龄化的加快趋势，这一产业必然会迎来蓬勃的发展。现阶段的养老需求没有得到有效填补，需要政府积极参与，补市场短板。一方面，通过政策手段精准解决问题，如浙江省推行"养老共富班车"，针对城乡老年人需求，制定差异化政策，以专人专项的形式解决助老具体问题；另一方面，政府应为公共服务供给提供财政保障，一般而言财政实力较强的地区养老服务水平也较高，在养老方面提高财政统筹层级可以有效缓解基层财政压力。

另外，政府应与社会多方携手，共同满足养老服务需求，多方发力共建老年友好型社会。政府的主要职责是提供公共配套产品，为了使公共外部性最大化，应主要以提供普适性的服务为主。养老行业目前供不应求的情况非常突出，各类养老需求都还没有被开发，需要民间资本的投入，将不同的需求具体化，逐步形成产业。基层行政人员作为接触社会服务的最前沿，对于许多问题都有较深的感悟，对社会问题往往有着责任意识。而社会资本在运营、开发上有

独到之处。因此，将养老产业化，实现需求分级化、养老机构分类化，加强个性化、精准化的服务供给是有益之道。例如，放开养老服务市场，允许养老机构依法依规设立多个服务网点，实现规模化、连锁化、品牌化运营；鼓励社会力量整合改造闲置医院、学校、企业厂房等可利用的社会资源发展养老服务；改进完善养老领域金融服务，加大对养老领域的信贷支持力度。面对老年人不愿消费的问题，可以采取前期以政府部分补贴、慈善机构提供慈善服务的方式，降低养老产品的消费门槛，让老年人先习惯消费，逐步转换观念，促进消费。

调研报告二　人口老龄化背景下城乡融合发展与要素流动制约

——基于浙江省开化县乡村产业发展的调查

推动城乡融合发展是实现共同富裕的重要内容，也是实现乡村振兴的必由路径。党的十九大报告提出了实施乡村振兴战略的重大历史任务，强调要建立健全城乡融合发展体制机制和政策体系。党的二十大报告将推进城乡融合发展作为推动高质量发展的重要举措，强调全面推进乡村振兴必须"坚持城乡融合发展，畅通城乡要素流动"。乡村产业是乡村振兴的经济基础，生产要素又是乡村产业发展的基石，乡村产业的发展壮大离不开城乡要素的自由流动与高效配置。要处理好农民和土地、农民和集体、农民和市民的关系，推动人才、土地、资本等要素在城乡间双向流动和平等交换，激活乡村振兴内生动力。当前，城乡要素流动仍然存在障碍，城镇要素入乡还存在很多制约，例如人才入乡机制还没有构建起来，城乡二元的户籍壁垒没有根本消除，城乡统一的建设用地市场尚未建立，城乡金融资源配置严重失衡等，导致人才、土地、资金等要素更多地单向流入城市，乡村发展缺乏要素支撑。县域是推进城乡融合发展的基本单元，为了解县域城乡融合发展过程中乡村产业发展到底有哪些要素制约，其具体表现和形成原因是什么，课题组以浙江省开化县为案例，从人、地、钱、技、基础设施、组织和公共服务等方面考察要素配置的制约因素，通过"解剖麻雀"的方式为科学谋划城乡要素自由流动和高效配置提供思路。

一 调研基本思路

调研地点的选择需要同时考虑典型性和代表性。从典型性考虑，需要优先选择在城乡融合发展过程中面临困难的地区，充分调查了解现状，从而对当前面临的困难和问题产生有深度、有广度的认识，并提炼具有借鉴意义的做法。从代表性考虑，浙江省经济整体发展水平相对全国其他省份较高，应当优先选择浙江省内发展相对落后的地区进行调研。

浙江衢州经济发展水平在浙江省内相对靠后，开化县是浙江省山区26县之一。习近平同志对开化县有"人人有事干，家家有收入"的殷殷嘱托，为推进山区共同富裕指明了方向。因此，选择开化县进行调研分析，研究城乡融合发展和人口老龄化应对策略，对于浙江省乃至全国相似地区探索城乡融合道路、缩小城乡差距和区域差距具有典型案例意义。

城乡融合的关键在于乡村产业发展，而产业发展离不开有效的要素配置，故调研的重点为产业发展和要素配置。具体而言，课题组计划对选取的乡村进行实地调研，着重了解以下三方面的情况：一是该村基本社会经济情况，重点了解人口老龄化态势、区位条件、特色资源、产业发展情况；二是该村经济要素丰富程度和配置情况，重点调查劳动力、人才、资金投入、土地利用以及技术应用情况；三是致富带头人的生产经营情况，重点调查致富带头人的背景经历、投入产出、人员雇用、土地利用、投资融资、技术应用等情况。

乡村产业的发展，不能脱离县域发展的总体背景。因此，课题组计划在开化县城及开发区围绕城市建设和乡村产业发展进行延伸调研，着重了解以下四方面的情况：一是县域整体社会经济情况，重点了解县域人口老龄化态势、城乡融合发展情况、农村产业发展情况、农村经济要素丰富程度和配置情况、小城镇建设情况等；二是县城及开发区发展情况，重点了解县城总体发展情况、开发区要素使用情况、开发区带动本县农业发展情况等内容；三是开发区涉农企业生产经营情况，重点调查相关企业投入产出、人员雇用、土地利用、投资融资、技术应用等情况以及企业带动县域乡村农民发展致富情况；四是县城中与农村经济关联的服务业企业经营情况，重点调查业务开展、人员雇用、土地利用、投资融资、电子商务应用等情况。

调研过程按照"先乡村、后城镇""先微观、后宏观"的顺序选择并安排具体调研点。在农村地区，课题组选择一个城郊型乡镇和两个农业型乡镇（一个资源较好，一个资源薄弱），并进一步分别选择6个行政村实地走访调研，进行深入研究；在城镇地区，课题组选择在县城和开发区进行座谈调研。

调研对象和内容。（1）乡村访谈。人是最活跃的生产要素，也是串联其他要素的主线，调研选择村党支部书记或村民委员会主任、种粮大户、农村致富带头人和普通农户几类对象，从不同视角研究乡村产业发展面临的制约要素。其中，对村党支部书记或村民委员会主任的访谈旨在了解本村基本情况和产业发展概况；访谈种粮大户、农村致富带头人和普通农户的目的是了解乡村产业具体生产经营情况。各村访谈对象包括村党支部书记1人、种粮大户1人、致富带头人（企业家、个体工商户、合作社负责人）2—3人、普通农户1户、乡镇政府主要负责人1—2人。（2）乡镇座谈。在乡镇召开简单座谈会，或者与调研村合并召开座谈会，了解城乡融合发展中的小城镇建设情况。（3）职能部门座谈。邀请相关部门熟悉情况的同志参加，包括发改局、农业农村局、组织部、人社局、统计局、资规局、财政局、经信局、科创中心等。（4）开发区调研。课题组赴开发区进行实地走访调研，实地考察企业，与涉农企业负责人进行访谈，并与熟悉开发区情况的同志进行座谈。

基于调研收集的资料，课题组使用主题分析法归纳提炼开化县在乡村产业发展和要素有效配置方面的实践和面临的困难，梳理城乡融合发展的路径和举措，得出城乡融合发展的相关启示。

二 开化县城乡融合的现状与问题：宏观经济数据分析

本部分从人口规模、城乡分布、年龄结构、产业结构和城乡收入等方面分析开化县的人口变动与城乡融合趋势，并与相关县（市）进行比较。

（一）常住人口先降后升，户籍人口先升后降

开化县常住人口呈现先下降后上升的趋势。由历年全国人口普查数据可知，2000—2010年开化县常住人口总体呈下降趋势，常住人口由27.1万人减少至24.5万人，共减少了2.6万人，减少了9.6%，年均减少1.0%。2010—2020年开化县常住人口总体呈上升趋势。2020年全县常住人口为25.9万人，比2010年增长了1.4万人，增长了5.7%，年均增长0.6%。

开化县户籍人口呈现先上升后下降的趋势。2000—2018年开化县户籍人口总体呈上升趋势，户籍人口由34.1万人增长至36.2万人，共增长了2.1万人，增长了6.2%，年均增长0.3%。但2018年开化县户籍人口达到峰值，此后开始下降。2020年户籍人口为36.1万人，比2010年减少了0.1万人，减少了0.3%，年均减少0.15%。

开化县人口呈现净流出态势。2000—2010年人口净流出率呈现增长趋势，人口净流出率由20%增长到30%，共增长10个百分点。而2010—2020年人口净流出率呈现下降趋势。2020年人口净流出率为28%，比2010年减少了2个百分点。

早年开化县常住人口下降以及人口净流出率上升，主要是因为当时外出务工人员逐年增多；近年常住人口开始上升以及人口净流出率下降，主要是因为大量开化县外出人员返乡就业、创业，特别是

近年开化县大力发展旅游业，吸引了大批民众返乡。

2000—2020年开化县常住人口与户籍人口变动趋势见图A-2-1。

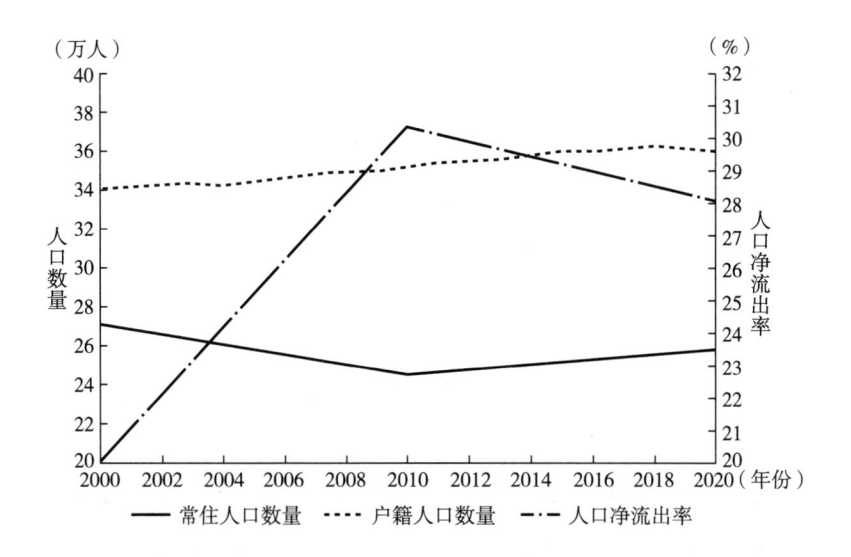

图A-2-1　2000—2020年开化县常住人口与户籍人口变动趋势

（二）城镇化水平稳步推进，但与全省、全国平均水平仍存在一定差距

开化县城镇化水平不断提高。由当地历年统计年鉴数据可知，2000—2010年常住人口中的城镇人口由6.4万人增长至9.3万人，增长了2.9万人；城镇化率由23.5%提升至38.0%，提升了14.5个百分点。2010—2020年城镇化进程仍然保持较高水平。2020年城镇人口为13.1万人，城镇化率为50.6%；与2010年相比，城镇人口增加了3.8万人，城镇化率提升了12.6个百分点（见图A-2-2）。

开化县城镇化水平与周边县（市）相比处于中等水平，但是低于浙江和全国平均水平。2020年，开化县及周边3县（市）的城镇化率由高到低依次是江山市（58.5%）、龙游县（51.6%）、开化县（50.6%）和常山县（49.1%）。开化县的城镇化率远低于全省平均水平（72.2%），也低于全国平均水平（63.9%）。

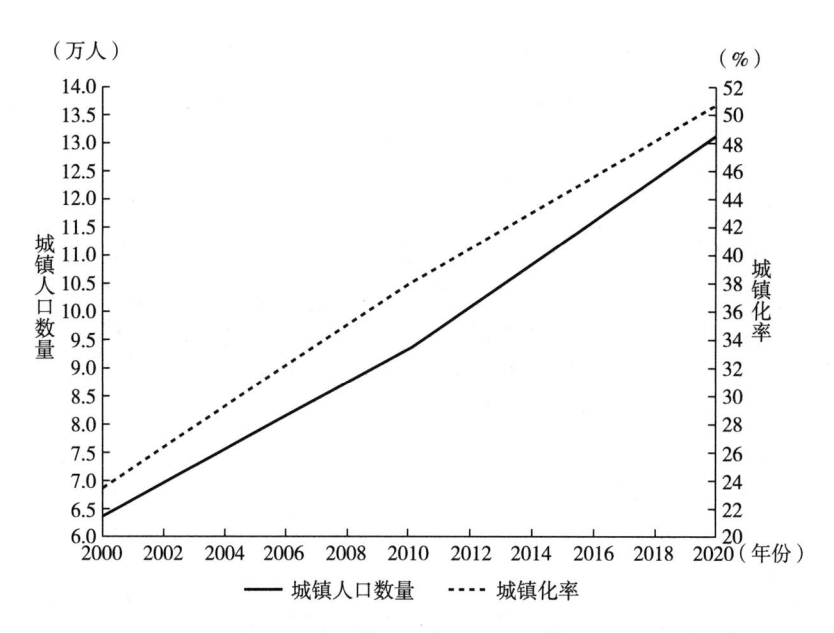

图 A-2-2　2000—2020 年开化县城镇人口数量和城镇化率变动趋势

开化县城镇化进程与周边县（市）相比处于中等水平。2000—2010 年开化县及周边 3 县（市）的城镇化率增长幅度由高到低依次是常山县（16.0%）、开化县（14.5%）、龙游县（12.8%）和江山市（1.8%）。在此期间，开化县城镇化率的增长幅度略高于全省平均水平（13.0%）和全国平均水平（13.6%）。2010—2020 年开化县城镇化率增长幅度与周边县（市）相比也处于中等水平。2010—2020 年开化县及周边 3 县（市）的城镇化率增长幅度由高到低依次是龙游县（15.8%）、江山市（15.7%）、开化县（12.6%）和常山县（11.4%）。在此期间，开化县的城镇化率增长幅度高于全省平均水平（10.5%），但低于全国平均水平（14.2%）（见表 A-2-1）。

表 A-2-1　2000—2020 年各地区城镇化率变动趋势　　　单位：%

地区	2000 年	2010 年	2020 年	2000—2010 年增长百分点	2010—2020 年增长百分点
开化县	23.5	38.0	50.6	14.5	12.6
常山县	21.7	37.7	49.1	16.0	11.4

续表

地区	2000年	2010年	2020年	2000—2010年增长百分点	2010—2020年增长百分点
龙游县	23.0	35.8	51.6	12.8	15.8
江山市	41.0	42.8	58.5	1.8	15.7
浙江省	48.7	61.7	72.2	13.0	10.5
全国	36.1	49.7	63.9	13.6	14.2

（三）人口老龄化进程加快，老龄化水平高于全省、全国及周边县（市）

开化县老龄化水平不断提升，且呈现进程加快的态势。根据当地统计年鉴数据，2000—2010年常住人口中，开化县60岁及以上人口比重由14.5%增长至19.0%，增长了4.5个百分点；65岁及以上人口比重由10.2%增长至12.9%，增长了2.7个百分点。2010—2020年人口老龄化进程进一步加快。2020年60岁及以上和65岁及以上人口比重分别为28.6%和20.2%，与2010年相比，分别增长了9.6个和7.3个百分点（见图A-2-3）。

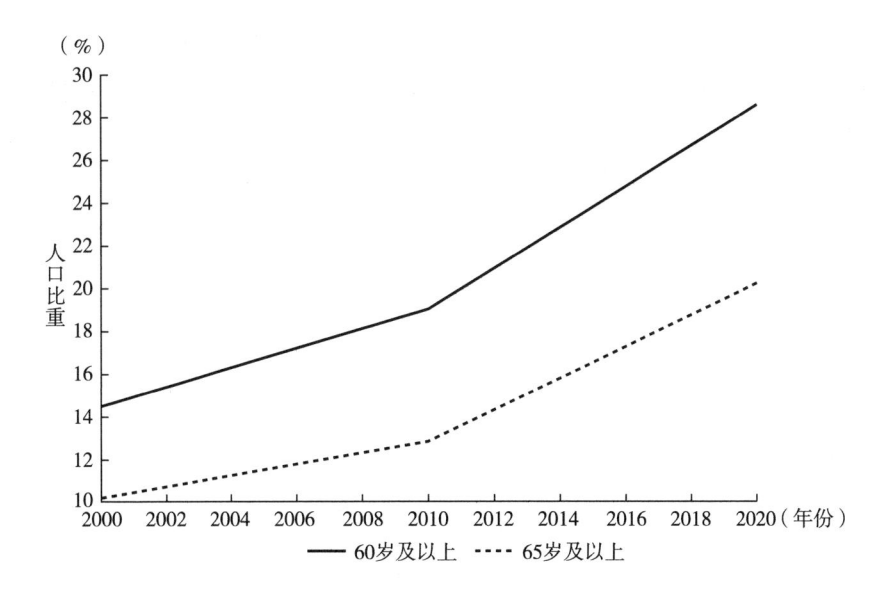

图A-2-3　2000—2020年开化县老年人口比重变动趋势

开化县老龄化水平高于全省、全国及周边县（市）。2020年，开化县及周边3县（市）60岁及以上人口比重由高到低依次是开化县（28.6%）、龙游县（26.9%）、江山市（26.7%）和常山县（26.7%）；65岁及以上人口比重由高到低也是开化县（20.2%）、龙游县（20.1%）、江山市（19.6%）和常山县（19.3%）。此外，开化县的60岁及以上人口比重远高于全省平均水平（18.7%）和全国平均水平（18.7%）；65岁及以上人口比重也远高于全省平均水平（13.3%）和全国平均水平（13.5%）（见表A-2-2和表A-2-3）。

表A-2-2 2000—2020年各地区60岁及以上人口比重变动趋势　　单位：%

地区	2000年	2010年	2020年	2000—2010年增长百分点	2010—2020年增长百分点
开化县	14.5	19.0	28.6	4.5	9.6
常山县	13.3	18.7	26.7	5.4	8.0
龙游县	13.9	18.3	26.9	4.4	8.6
江山市	14.8	19.0	26.7	4.2	7.7
浙江省	12.3	13.9	18.7	1.6	4.8
全国	10.5	13.3	18.7	2.8	5.4

表A-2-3 2000—2020年各地区65岁及以上人口比重变动趋势　　单位：%

地区	2000年	2010年	2020年	2000—2010年增长百分点	2010—2020年增长百分点
开化县	10.2	12.9	20.2	2.7	7.3
常山县	9.3	12.6	19.3	3.3	6.7
龙游县	9.9	12.0	20.1	2.1	8.1
江山市	10.8	12.7	19.6	1.9	6.9
浙江省	8.9	9.3	13.3	0.4	4.0
全国	7.1	8.9	13.5	1.8	4.6

开化县常住人口老龄化水平较高的原因主要是：其一，开化县有大量年轻户籍人口外出打工，降低了常住人口中的青年人口比重。其二，近些年开化县人口生育率逐渐下降，而预期寿命不断上升，使得少儿人口比重逐渐下降，而老年人口比重逐渐上升。

（四）产业结构不断优化，第三产业比重高于周边县（市）

开化县第三产业比重较高，且不断上升。2020年，开化县第三产业、第二产业和第一产业比重分别为55.5%、35.1%和9.4%。2000—2010年开化县第三产业比重由26.9%增长至35.2%，增长了8.3个百分点；第二产业比重由41.5%增长至50.9%，增长了9.4个百分点；第一产业比重由31.6%减少至13.9%，减少了17.7个百分点。2010—2020年开化县产业优化速度进一步加快。第三产业比重在此期间增加20.3个百分点，而第二产业和第一产业分别减少15.8个和4.5个百分点（见图A-2-4和表A-2-4）。

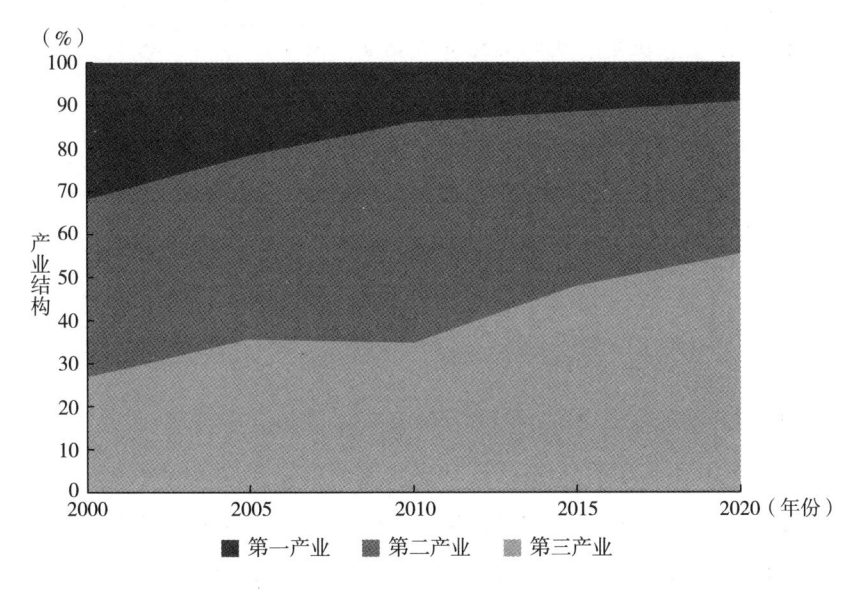

图A-2-4　2000—2020年开化县产业结构变动趋势

开化县第三产业比重和增长幅度均高于周边县（市）。2020年，开化县及周边3县（市）第三产业比重由高到低依次是开化县

（55.5%）、常山县（52.5%）、龙游县（51.8%）和江山市（48.7%）。开化县产业结构优化速度也高于周边县（市）。2000—2020年，开化县及周边3县（市）第三产业比重增加幅度由高到低依次是开化县（28.6%）、龙游县（23.0%）、江山市（18.3%）和常山县（16.9%）（见表A-2-4）。

表A-2-4　　2000—2020年各地区产业结构变动趋势　　单位：%

地区	第一产业比重			第二产业比重			第三产业比重		
	2000年	2010年	2020年	2000年	2010年	2020年	2000年	2010年	2020年
开化县	31.6	13.9	9.4	41.5	50.9	35.1	26.9	35.2	55.5
常山县	22.2	8.2	5.2	42.2	54.7	42.3	35.6	37.2	52.5
龙游县	21.2	8.8	6.2	50.1	58.5	42.1	28.8	32.7	51.8
江山市	25.7	9.6	7.7	43.8	58.1	43.6	30.4	32.3	48.7
浙江省	10.3	4.9	3.4	53.3	51.6	40.9	36.4	43.5	55.8
全国	15.9	10.1	7.7	50.9	46.8	37.8	33.2	43.1	54.5

开化县第三产业比重和增长幅度高于周边县（市）主要是因为近年开化县大力发展旅游业。

（五）城乡收入差距不断缩小，但仍高于周边县（市）

开化县城乡居民收入不断提升，城乡收入差距不断缩小。2013—2019年开化县城镇居民收入由2.14万元增长至3.78万元，共增长1.64万元，增长了77%；乡村居民收入由1.06万元增长至1.90万元，共增长0.84万元，增长了79%。同时期城乡收入差距略微缩小，城乡收入之比由2013年的2.02降到2019年的1.99（见图A-2-5）。

开化县城乡收入水平都低于周边县（市），但城乡收入差距略高于周边县（市）。从城镇居民收入水平来看，2019年开化县及周边3县（市）由高到低依次是江山市（4.95万元）、龙游县（4.82万元）、常山县（3.97万元）和开化县（3.78万元）。2019年开化县城镇居民收入水平也低于全省平均水平（6.02万元）和全国平均水平（4.24万元）。从乡村居民收入水平来看，2019年由高到低也是江山市（2.64万元）、龙游县（2.49万元）、常山县（2.21万元）和开化县（1.90万元）。2019年开化县乡村收入水平低于全省平均水平（2.99万元），但高于全国平均水平（1.60万元）。从城乡居民收入差距来看，2019年开化县及周边3县（市）从高到低依次是开化县（1.99）、龙游县（1.94）、江山市（1.88）和常山县（1.80）。但开化县城乡收入差距低于全省平均水平（2.01）和全国平均水平（2.65）（见表A-2-5）。

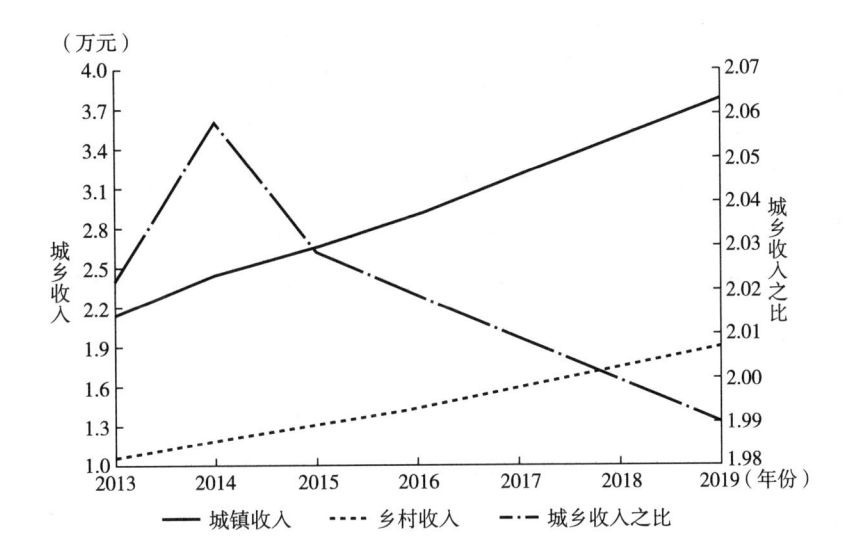

图A-2-5 2013—2019年开化县城乡收入及差距变动趋势

表A-2-5　　　　　　2013—2019年各地区城乡收入

及差距变动趋势　　　　　　单位：万元

地区	城镇收入		乡村收入		城乡收入之比	
	2013年	2019年	2013年	2019年	2013年	2019年
开化县	2.14	3.78	1.06	1.90	2.02	1.99
常山县	2.30	3.97	1.15	2.21	2.00	1.80

续表

地区	城镇收入		乡村收入		城乡收入之比	
	2013年	2019年	2013年	2019年	2013年	2019年
龙游县	2.78	4.82	1.26	2.49	2.21	1.94
江山市	2.81	4.95	1.35	2.64	2.08	1.88
浙江省	3.71	6.02	1.75	2.99	2.12	2.01
全国	2.65	4.24	0.94	1.60	2.82	2.65

三 开化县城乡要素流动存在的问题及其原因

开化县是浙江省山区26县之一，位于浙江省西部，是浙皖赣三省交界处，素有"九山半水半分田"之称。县域总面积2230.77平方千米，辖8镇6乡1办事处，共255个行政村，现有户籍人口35.87万人，常住人口25.99万人，是一个"地域大县、人口小县"。2021年，全县劳动力人口数19.2万人，约10.6万人转移至县外就业，近5万人在本地从事第二产业和第三产业，余下近3.6万人在本地从事种养业。从产业发展需要的人、地、钱、技、基础设施、组织等方面看，开化县在推动城乡要素配置上有明显成效，也存在着进一步改善的空间。

（一）人才与劳动力

第一，人才是乡村产业发展的关键，村社"一肩挑"人员作用举足轻重。对乡村发展而言，村党组织负责人至关重要。浙江省在2020年开展村社"两委"换届工作，全面推行"一肩挑"，村党支部书记和村委会主任由同一人担任，村党组织负责人成为实现乡村振兴的"领头雁"，在增强村集体的凝聚力、营造适合产业发展的环境等方面能够发挥十分重要的作用。通过对开化县发展较好的下淤村、上安村、阳坑村等村的走访，我们发现，能够带领全村实现较好的发展、振兴乡村产业、带领村民致富的村党组织负责人大多具有如下特点：年龄在四五十岁左右，具备在外闯荡的经历，大多已拥有自己的事业；富有经营理念且本身有一定的经济实力；熟悉村里情况，在外闯荡期间仍和村里保持一定的联系，在村内具有影响力、号召力，可以令村民信服；有情怀，尽管回村后收入水平不可避免会降低，但愿意回到村里带领村民共同致富。

当前，随着市场经济的不断完善，乡村产业的兴旺需要实现乡村供给与市场的良好对接。同时，基于村级工作的复杂性与困难性，如何发挥好村党组织在本村产业发展过程中的组织、带头作用，对村党组织书记的能力提出了很高的要求。一方面，村党组织书记需要具备清晰的产业发展思路，作为发展产业工作的纲领；另一方面，需要做好村民的思想工作，让百姓接受其发展思路，并且能够取得成效，让百姓切身体验到乡村产业发展带来的收益。例如，大溪边乡上安村曾由于地理位置偏僻、产业空心化较为贫穷，在该村余雄富书记的带领下，尝试种植过辣椒、苦瓜、玉米等许多作物，但"增产不增收"。后来，余雄富多次询问当地农业农村局选择何种作物收益较好，最终在省农村特派员的指导下选择带领村民进行高粱种植。在首年高粱收获、将高粱籽卖给酿酒作坊的过程中，余书记发现高粱酿酒存在着较大的利润空间，遂在村内自建酒厂。由于原材料品质较高、酿酒过程严格遵循规定，酿出来的酒在当地供不应求，村民收入因此得到了极大的提升。根据浙江省农业农村厅实地测产，按当年新酒市场价 5 万元/吨计算，上安村高粱酒销售产值在 500 万元以上，实现在家 300 多位村民人均增收 12000 元以上。在本村产业发展、收入水平提升后，上安村也逐渐辐射到周边村落，带领周边村落共同实现红高粱产业的发展，带动了周边村镇居民收入的提升。

上述村党组织负责人有过外出务工、经商的经历，这一定程度上也帮助他们增进了对市场的了解，增强了经营、管理能力，扩宽了其社会资源。在调研过程中我们发现，许多村子难以吸引有能力带领乡村实现振兴的候选人回村，村党组织班子存在后继无人的困境。为挖掘真正能够实现乡村产业振兴的人才，县、乡等各级部门也均采取了一定举措，例如通过在上海、杭州等地设立创业支部，与在外务工、经商的人才保持积极联系，以乡土情结吸引其回村任职或回乡创业。乡村的外出人才也可以在创业支部入党，乡镇政府也对有关人员进行备案，县统战部门出台"新乡贤礼遇十条"，从政策上支持有能力的外出人员回到家乡带动家乡发展。

但寻找合适的村党组织负责人依然十分困难。目前观察到的问题大致如下：其一，对于地处偏远、急需发展的部分村落而言，符合条件的候选人稀缺，且面临着回乡之后收入大幅下降且村内事务棘手的状况，一定程度上影响了外出人员返乡任职意愿。其二，组织部门对于此类人才的认定、扶持的力度尚不明显。目前对于集体经济建设的领头人的奖励，主要以带领村集体发展取得成绩之后在县级及以上部门层面获得的荣誉为主，在一定程度上缺少实质性激励奖励。其三，村集体经济建设的领头人面临一定的道德风险，例如依托在当地的家族势力逐渐将村集体资产侵吞为私产，将村集体经济变为"个人经济"。对于有能力带动村庄实现产业发展的村党组织带头人，可以在政策方面给予更精准的认定、更有力的扶持，以经济方式激励其开展经济建设工作，如探索将村干部报酬与村集体经济组织经营管理绩效相挂钩的做法等，吸引更多有意愿、有能力、懂经营，能够建设乡村产业基础、兴旺乡村产业的人才回到乡村，振兴乡村。

第二，开化县老龄化程度较高，劳动力年龄结构较不均衡，劳动力数量较为短缺。据第七次全国人口普查数据，开化县60岁及以上老人占比为28.61%，65岁及以上老人占比为20.25%，对于县城和乡镇的产业发展均不同程度地造成影响。据观察，部分村庄种植和农产品加工等工作主要依靠留在村内的老年人来完成。以发展红高粱产业较为成功的大溪边乡上安村为例，村内高粱大多依靠50岁以上的老人种植。因水稻种植对于体力要求较高，年龄较大的劳动者如果从事水稻种植，不仅收益低，而且体力无法满足水稻种植要求，并且该村较为缺水,因而选择了省工、省力的高粱作为主要的种植作物。较年轻的一代几乎不再从事农业种植工作,村内粮食种植出现了将村民抛荒土地流转给本地或外来的种植大户,依靠他们进行规模化种植的趋势。通过观察村级党组织,可见现任村党组织成员年龄普遍偏大,缺少年轻人才,年轻人往往难以适应乡村工作。在部分地处偏远的村庄,村党组织面临着"后继无人"的困境。从乡村产业发展带头人角度来看,在同一些乡镇企业家访谈的过程中,他们表示在企业经营过程中存在着"招工难"的问题,具体包括企业员工年龄偏大、用工成本较高、缺少熟练工人等。

第三,劳动者技能水平较低,同县域产业发展需求较难有效对接,劳动力供需存在结构性错配。在县城工业园区走访时,园区负责人提到,开发区内企业存在招工需求与供给结构错配的问题。留在本地的就业人员年纪偏大,而企业招工一般要求年龄在50岁以下,部分有学历要求。企业招工难,本地意向就业人员难找工作,劳动力供需之间存在着结构性错配。在调研过程中我们还发现,城乡产业的发展均对运营性人才存在很大的需求,但县域内的运营性人才十分缺乏。县城园区内一家渔具企业招聘跨境电商运营人才,招聘公布3个月只有3个人来应聘,且均不符合条件。在文旅产业基础较好的下淤村走访时,该村村书记也表示该村缺乏可以制造旅游亮点进一步吸引游客的运营、策划人才。从乡村产业发展带头人的角度,一方面需要其对农业产品的生产过程较为了解,另一方面实现同市场更好对接、降低企业经营成本也十分重要。在经营管理方面,许多乡村企业仍然存在着一定的问题。以下淤村羊肚菌种植企业为例,其创始人曾是农技员,掌握了较为良好的羊肚菌种植技术,在20世纪90年代创办了该企业。现企业已由其子接手,性质上偏向家族企业。尽管羊肚菌销售情况较好,该企业也通过考察学习等方式采用了更为便捷的羊肚菌种植技术,但是连续出现的企业辛辛苦苦培养的熟悉羊肚菌种植、销售全过程的管理人员流失,仍极大影响了该企业培养管理人员的信心以及进一步扩大经营规模的意愿。运营管理人员的缺失以及管理方式的落后一定程度上妨碍了该企业生产规模的扩大。同时，受制于企业能力以及缺乏电商运营人才，该企业负责人表示没有精力进行菌菇的电商销售，并且对承担网络销售成本与风险抱有疑虑，一定程度上不利于其生产产品的销售。

面对上述问题，开化县也做了许多工作，一方面希望吸引本县外出的劳动力与人才回流，并同时有针对性地吸引和培养县域发展更加需要的掌握实用型技能的人才。例如，积极开展人才认定工作，打造开化本地特色产业发展的"乡土八师"品牌，开展"乡土八师提升工程"，为县域内更加需要的技能型实用人才、乡土人才提供技能培训。

从县城发展角度来看，县城也存在着实用型人才供给不足、高学历人才较少、行业领军人才匮乏等问题，一定程度上不利于县域产业的发展与提升。值得注意的是，在吸引年轻人才来到县城的同时，也要完善相关的配套服务措施，满足年轻人的生活需要，提升年轻人回到县城之后的归属感、获得感，让人才愿意留下来、值得留下来，发挥自身积极的主观能动性，为县域产业发展做出贡献。

(二) 土地利用

(1) 自然约束条件：开化县地处山区，由于自然地理条件因素，人地关系较为紧张，城、乡土地供给均较为稀缺。开化素有"九山半水半分田"之说，人均耕地占有面积较低，耕地形式以坡耕地、旱地为主。在大溪边乡走访时，该地区有"种田种上天，种地种到边"的民谚描述当地曾经紧张的耕地状况。由于当地平整土地稀缺，加之20世纪七八十年代面临较大的人口压力，不得不开发山地梯田以满足生产生活需求。近年来，随着农村劳动力的不断流出，人地空间的紧张状况有所缓解，县林业局也积极开展抚育山林的项目，改善了自然生态环境。

在此种自然约束条件下，县域内土地的供给较为稀缺，县城内土地开发的成本也较高。在农村，许多村的耕地较为零散、破碎，较难实现机械化、规模化种植。种粮大户需要在政府的支持下平整土地，而部分村集体由于本身缺乏资金或缺少相应的项目资金等因素无法给予种粮大户相应的支持。从县城看，开化县县城的房价约一平方米两万元，基本同部分二三线城市新建楼盘房价持平。由于地形因素，开展项目建设需要"挖山"使土地平整，前期成本与土方工程的造价十分昂贵，一定程度上体现了土地供给以及开发成本的影响。高房价部分程度上也体现了开化县当地土地供给较少、土地开发成本较高的状况。

（2）制度障碍：土地资源配置的市场化程度较低，村庄内部土地指标限制了社会资本的投资意愿，城乡间土地要素的高效配置存在壁垒。通过对部分产业发展较好的村庄的走访，发现其在进一步发展过程中普遍面临土地指标的制约，土地资源在村庄内的市场化程度较低，配置效率不高。很多社会资本进入乡村投资的意愿也因为土地指标无法满足，无法获得运营场地而无法实现。为对城乡土地利用实行更好的监管，土地指标的分配依赖自然资源规划部门的规划，同上级政府规划的建设项目直接挂钩。村集体自主发展产业所需集体经营建设用地需要得到上级部门审批，主要结合本村各项土地指标完成情况，考察申报项目是否符合该村实际发展状况而定。在实际走访过程中我们发现，许多村集体发展产业或兴建文化礼堂等的土地指标来源于废弃的学校和养殖场等公共设施用地。受原地块区位条件等因素的影响，无法直接在原有地块上进行建设，需要实现土地指标的占补平衡以满足建设需要。村集体在发展产业过程中的用地主要来源于过去积累的土地指标以及对废弃公共用地的整合。整体来看，农村内部土地建设依赖于政策规划，资源市场化配置的效率不高，需要对接乡村产业发展的实际需求，进一步提升土地资源的利用效率。此外，从城乡间土地流动的角度来看，开化县已经出台了一系列政策，如出台权票制度引导宅基地资源的有效退出,盘活城乡土地资源;深化承包地"三权分置"改革,推动农村土地经营权依法流转,鼓励各乡镇开展委托经营与返租倒包以提升土地的利用效率,提高经营收益;审慎推进农村集体经营性建设用地入市等。但在政策的具体落实与推进方面仍然面临着许多障碍,如村集体经济组织成员资格认定标准的模糊影响了宅基地资格权的认定,影响了宅基地处置收益后的分配;对于集体经营性土地入市后的收益分配也存在着一定的争议。凡此种种,一定程度上阻碍了土地资源在城乡之间的流动,不利于城乡间土地资源的盘活与土地资源配置效率的提升。

(三)公共投资和资本入乡

(1)政府资金:涉农资金的整合力度较弱,补贴资金平均流向各个村庄后形成"撒胡椒面"的状态,资金的利用效率不高,既无法完全解决村集体发展建设乡村的资金缺口,也未能使帮扶村庄实现其自身的"造血"机制。部分村具有资金整合意识,抱团发展,将补贴资金作为实现产业发展的启动资金,将补贴资金利用到实处;而部分村缺少资金整合利用意识,仍因村内资金短缺而缺乏发展产业的动力。例如大溪边乡上安村在发展高粱产业成功之后,带领大溪边乡其他村子,整合浙江省"山海协作"资金及贫困村补贴,以入股的形式共同成立开化县六都集团有限公司,和县里的两山集团共同出资建立高粱酒厂,每年最少消化12个村提供的150万斤高粱用于酿酒,高粱的出酒率为40%,每斤酒的净利润在10元左右,以此粗略估计最少可以获得600万元的利润,实现了乡村产业发展的"造血"机制。但是,更多的乡村缺乏资金整合利用意识,未能实现对补贴资金的充分利用。建立健全涉农资金整合机制,改革完善涉农资金管理体制,"集中力量办大事",培育乡村产业发展的自我"造血"能力,对于乡村的进一步发展,具有十分重要的作用。

随着农村发展改革的不断深入,过去长期各自为战的单村发展模式日益面临着资源、资金、人才、市场、经营能力等多重制约。上安村带领大溪边乡12个村子共同抱团发展、共同致富的案例，正是采用经济办法促进联村跨村发展，盘活农村集体资产，实现产业整合，增强乡村产业发展竞争力的生动体现。

（2）社会资本：工商资本下乡难，无法有效支持农村产业发展。在调研走访过程中我们发现，许多发展条件较好的村子并非缺乏招商引资的意愿及机会，而是受限于配套要素供给的缺失及项目的前期审批等一系列问题，无法使得工商资本的投资项目在村内落地，其中土地因素的制约尤为显著。村内经营性建设用地缺乏且难以获得新增指标，致使许多来到村里的市场资金的投资意愿无法落地。同样以上安村为例，有外出的当地村民愿意回村开办"村播"经营直播，但因当地无法提供经营性建设用地指标，其场地建设受限而作罢。在更多发展较为落后的乡村，由于地理环境偏远、农业产业周期长且利润率偏低，工商资本难以寻得盈利点，难以发挥该类村镇在自然资源等方面的比较优势。延长农业产业链，提升农产品附加值，提高发展农业的盈利率，吸引社会资本前来投资，仅凭政府的资金补贴较难实现。这需要畅通资本流通渠道和机制，完善配套要素的供给，充分发挥市场主体作用，实现社会资本更好地支持农村农业发展。

（3）村集体对于资金的使用：承接指定项目的前期资金需要村集体垫付，一定程度上造成村集体的资金压力，影响村集体承接项目的意愿。在走访过程中我们了解到，部分村不愿意承担项目建设，是因为虽然有专项补贴资金提供资金支持，但项目的监理、审批等前期费用需要村集体垫付，一定程度上影响了其承接相关项目的意愿。而开展项目建设的意愿同村级组织发展产业、建设经济的积极性息息相关。部分村集体在建设和本村利益直接相关的项目，例如村内道路建设、修缮及维护等时，往往需要在补贴资金之外再投入部分资金，以更好地满足本村发展的需要，依托项目更好地开展村内建设工程的修建、投入。当前，在依托项目建设发展的背景之下，应平衡村集体的财政权责,更好激发村集体进行本村建设的主动性,有助于实现乡村的良性发展。

(四)技术与电子商务

(1)农业技术:种植技术的提升有利于提高农业生产率,科技特派员制度卓有成效。在走访过程中我们了解到,普通农户在大田作物的种植过程中,相关的农业生产信息都可以得到及时的指导反馈。农民在种植过程中会自发学习、改进种植技术,提升作物产量。例如,大溪边乡上安村村民在高粱种植过程中,发现缩减高粱播种的间距虽然使每株高粱的产量下降,但是每亩可种的高粱株数增多,亩产可以由最初的三四百斤提高至七八百斤,部分条件较好的土地精耕细作后亩产甚至可以达到一千多斤。在乡村发展建设的过程中,农业科技特派员制度对农业种植技术、养殖技术等的提升起到了重要的作用。科技特派员大多由省科协从高校及农科院选拔,驻扎乡镇,对点帮扶,切实解决农业生产过程中遇到的问题,依据当地农业产业项目,对当地成规模的农业产业提供全过程、全方位的帮助,不仅为乡村带来了技术提升,也为农民提供了相关的市场信息,助力乡村产业实现更好的经营、发展。同时,农业科技特派员的到来也有助于实现当地与相关科研院所及高校的合作,推动产学研融合,进一步助力山区县农业农村发展。

(2)非农技术:部分乡村企业的非农生产技术落后,较难同市场需求有效对接。非农技术生产是指在乡村并非直接与种植相关的技术,包括对农产品的加工技术、乡村特色手工艺品加工技术等。例如在下淤村走访调研时发现,尽管该村的竹艺企业从业者通过多方学习增进了竹艺产品制造工艺,大部分竹制生活用品的编织交由经其培训过的当地村民完成,但产品较为粗糙,手工工艺编织技术同东阳等地的产品比较,仍存在明显的技术差距,产品品质较低,溢价不高,无法获得较高的利润。相比之下,上安村酒厂前期通过向四位资深酿酒师傅学习酿酒技术,严格按照规范的酿酒程序,酿出的高粱酒品质上乘，得到了专业品酒师的赞誉，依靠农户本身的社交关系网络销售已供不应求。其中，固然有产品特性对技术要求存在差异，但仍说明非农技术提升对于提高产品溢价、增强乡村产品竞争力具有重要作用。提升乡村非农技术，有利于提高乡村产品的品质与市场竞争力，有助于其更好地同市场需求对接，为乡村振兴提供更为坚实的技术保障。

（3）电子商务发展能够促进乡村产品的销售，但也对传统产业发展带来挑战。近年来，开化县紧抓国家电商进农村综合示范试点等机遇，出政策、搭平台、争试点、优服务，进一步挖掘农村电商发展潜力，全面优化跨境电商生态，推动开化县电商高质量发展。而通过调研发现，由于开化县电商发展仍处于起步阶段，产业与电商的融合度依然不高，具体存在以下几方面问题：一是当地企业的电商应用程度尚不广泛，且普遍缺乏运作、营销。据开化县经信局提供的资料，开化县整体农产品网络零售额约2亿元，占全县整体网络零售额不足一成，开设电商平台自营店铺的企业数量较少且电商平台需要产品经过SC认证，许多企业因规模较小、产品较为分散，无法通过资质审核，企业电商自营的情况较其他地区差距较大。考虑到电商平台抽成较高，且自身运营精力有限，许多乡镇企业无暇顾及电商运作，希望可以在政府的帮助下减少网络销售成本。二是电商发展的配套要素尚不完善，具体表现为电商龙头企业数量不多、仓储配套缺乏、电商运营人才极度短缺等。随着杭州等城市中心能级的提升，部分电商企业有意向迁到开化，但是县内可以支持提供的电商企业仓储需求严重不足。电商企业税收贡献较少，一定程度上削弱了对电商招引的意愿。同时，电商企业难以招到适合的专业人才，招到之后往往也很难将人才留下。

（五）基础设施和交通物流

第一，基础设施高投入限制了农业经营规模和乡村产业的发展。基础设施建设包括农田基本建设、县域公路交通建设、农村内部基础设施建设等。农田基本建设包括平整土地、改土治水，如修建灌溉与排水系统，实施田间道路工程、农田防护与生态环境保持工程等。开展农田基本建设，可改变农业生产的基本条件，提高抗灾能力，挖掘自然生产潜力，扩大稳产高产农田面积，为农业生产机械化和集约化创造条件，提高土地生产率。以上安村发展高粱产业为例，上安村本身水资源较为稀缺，选择发展旱作农业，在遭遇极端干旱天气时仍会出现高粱减产甚至绝收的情况，对当地发展高粱产业造成不利影响。农田基础设施建设可以降低极端天气对农业的影响，提高农业产业的生产效率。而诸如水利设施建设等基本农田建设的投入成本很大，建成后维护与使用权责也需要明晰。当前各村灌溉用水普遍由电力抽取，成本较高。以姚家村为例，该村种粮大户承包的300亩土地地势较高，为降低种植成本、保障种粮大户的基本收益，村集体补贴其抽水灌溉的电力成本，每个月需要花费1万—2万元，对村集体支出也是一笔不小的费用。

基础设施建设具有公共产品的属性，在建设过程及后续的维护过程中要统筹协调成本与收益，提高资源的利用效率。同时，在乡村发展的过程中，需要注意将基础设施建设同村庄的发展需要相契合，使基础设施转化为村庄的资产，通过基础设施建设为乡村产业发展带来切实效益。例如，下淤村在村内马金溪两岸建设河岸景观及沿河步道，现已成为该村旅游资源的一部分，吸引了大量游客前来欣赏当地的青山绿水，真正把"绿水青山"变成了"金山银山"。

第二，物流渠道不畅提高了农产品销售价格，阻碍了乡村产业市场规模扩展。以上安村生产的高粱酒与菜籽油为例，虽然产品品质较高，但菜籽油与高粱酒均属于易燃液体，适运性较差，加之生产运输规模较小，致使其物流成本也较高，同物流公司的议价权较弱。快递网点往往也只到达乡一级，村镇快递点覆盖程度不广，一定程度上造成了"酒香也怕巷子深"的难题。依托于开化优异的自然环境，本地农产品普遍品质较高，但同时也存在着生产销售规模较小、供应链不强、生产与物流成本较高、入网以后缺乏价格优势、未形成品牌效应等问题。农村产业发展本身不同于工业化发展，难以实现规模效应。一方面，可以提升农业产业整合度，提升电商平台的销售能级，扩大物流服务的覆盖能力与覆盖范围，加强县域电商仓储建设需要，健全县域物流配送体系，尽可能降低物流成本，助力乡村产品的销售、运输；另一方面，可以从差异化、高端化入手打造农村产品，以乡村文化、乡土价值为依托，激发农村电商市场活力，打造本地农产品品牌，加快乡土品牌的传播与乡村产品的销售。

（六）组织管理

第一，农民富不富，关键靠支部，乡村振兴需要增强村集体的组织管理能力，提升乡村治理水平。在调研过程中我们发现，村集体组织在村庄发展过程中几乎有着决定性的作用。开化县音坑乡下淤村的村干部及村组织颇有能力和战斗力，对于该村项目建设及文旅产业发展具有清晰的思路和很强的决心，即使中途在土地流转、项目审批等方面遇到了一些困难，该村文旅产业仍获得了较好的发展，荣膺"全国十大最美乡村"的称号。齐溪镇丰盈坦村是一个山多、地少、村庄拥挤、资源禀赋相对不足的小山村，2013年前是一个环境脏乱、经济薄弱、群众不满的后进村，2013年年底村两委班子换届后，在新"头雁"带领下和两委班子齐心协力之下，全方位落实"以礼治村"的发展理念，聚焦村庄治理和产业发展，从"后进"村转变为一个生态宜居、收入稳定、百姓满意的"后劲"村，先后荣获省级卫生村、浙江省垃圾分类示范村、浙江省引领示范社区、衢州市党建治理大花园先锋战队、衢州市民主法治村等荣誉称号，走出了一条偏远薄弱乡村"以礼治村、以礼育民、以礼兴业"的"两有"蝶变之路。2021年，村集体经营性收入达到20.3万元，村民人均收入达到1.81万元。因此，村集体是否有意识发展乡村产业、进行经济建设，对于本村的长远发展和竞争力的提升有着根本的影响。

第二，实现乡村产业发展，需要以村集体为领导核心，提高农业的组织化程度。改变传统的小农经营的模式,以专业合作社等集体经济发展形式作为现代农业经营主体,对接城镇要素,创新乡村供给,在村庄发展过程中实现同村民的"共建、共治、共享"。以上安村为例,该村在发展红高粱产业的同时也进行旅游业开发,并且通过农家乐、民宿等方式使游客就在当地消费,以此带动本村高粱酒的销售。上安村村集体通过流转农户的闲置土地,成立开化县股份经济合作社,采取"土地入股"的形式每年给予农民一定的保底分红并为农民购买医疗保险。流转后的土地由村集体雇用留在村内的劳动力进行种植。据村负责人不完全统计,村集体雇用了六七十人,每年村集体为所雇用村民发放的工资有两三百万元,平均一人一年拿到手有两三万元。对于村内无法进行高粱种植的老人、残疾人等,尚有劳动能力的安排其进行村内旅游道路的垃圾清理、高粱田内杂草清除等工作,工资由村集体统一支付;对于丧失劳动能力、卧病在床的老年人,村集体也会给予一定的补助,极大地改善了其生活状况。对于村内年纪较大的老人,逢年过节村集体还依照年龄给予老人一定数量的红包,年纪越大,拿到的红包金额越大。虽然村干部需要发展村内产业、建设村内经济,身上的担子重了,但是村民却实实在在从中获得了实惠。上安村的例子生动地体现了习近平同志对开化"人人有事做,家家有收入"的殷切嘱托,实现了"产业兴旺、生态宜居、乡风文明、治理有效、生活富裕"的乡村建设,可以说是乡村振兴的典范。

四 开化县促进城乡融合发展的路径与举措

近 20 年来,开化县牢记习近平同志的殷殷嘱托,以国家公园城市建设为统领,深入实施"生态立县、产业兴县、创新强县"发展战略,从曾经的欠发达县到 2021 年实现地区生产总值 169.44 亿元、增长 8.5%,综合考核在浙江省山区 26 县中排名第六,在浙江省 11 个生态发展县中排名第一,全体居民人均可支配收入 32432 元、增长13%，增幅位列26县第二，城乡居民人均可支配收入分别达到43746元和23165元，收入比缩小至1.89∶1，经济社会发展取得了显著成果。开化县促进城乡融合发展的路径与举措主要有以下五方面。

（一）坚持生态立县，科学谋划顶层设计

第一，坚持生态立县战略不动摇。1997年，开化县在全国率先确立"生态立县"发展战略，不断坚持工业环保约束和"五规合一"生态空间保障，2015年创新性地提出将全县域建设为国家东部公园，2017年钱江源国家公园成功列入全国首批10家之一、长三角经济发达地区唯一的国家公园体制试点，2021年开启"国家公园城市"建设新篇章。

第二，以国家公园目标统领发展格局。以《开化县国土空间总体规划（2021—2035）》为引领，以钱江源国家公园为核心，构建多层级生态廊道，推动国家公园形态与城市空间有机融合，打造生产生活生态空间相宜、自然经济社会人文相融的复合系统，构建了"国家公园+5A县城+4A集镇+3A乡村+美丽田园湖河"国家公园城市空间格局，构建了以"国家公园+""中心景区城+特色镇（乡集镇）"为核心的城乡发展融合单元，形成了"一带一环"发展走廊、14个城乡融合发展单元的城乡空间新格局。

第三，以"国家公园+"的理念经营县域发展。围绕"国家公园+"的主题，突出生态优势资源全产业链、全域全景休闲化旅游产业两大融合，立足做优绿色现代化农业、做强绿色低碳制造业、做靓绿色高端服务业三个维度，发展精品农业、大健康产业、数字经济产业等十大产业，全面提升绿色生态产品供给水平，促进绿色经济高质量发展。开化县打造全县域空间管控"一张蓝图"，科学划定"三区三线"编制，形成融"发展与布局、开发与保护"为一体的空间格局，荣获首届全国城市治理创新奖优胜奖。

（二）坚持做大县城，有序提升城市能级

第一，以城市蝶变推动新型城镇化高质量发展。突出产业化支撑、品质化提升、一体化协同、集约化发展、数字化赋能，推进资源重组、功能重塑、空间重构、产业重整、环境重生，全力打造国家公园城市客厅、现代生态旅游名城。按照"一年打基础、两年见成效、三年出成果"的总体目标，实施城市更新行动，聚焦聚力老城、吞滩、金丰等片区差异化发展，完善老城区空间结构和功能布局，推动城市转型蝶变，计划到2025年年底基本完成先行片区有机更新工作；实施行政资源整合工作，通过"整、腾、挪、租、聚、统、改"等措施，全县基本实现"便民服务中心、政务服务中心、文化艺术中心"三中心的布局，更好地促进县办公用房集约、节约、高效使用，节约行政运行经费，实现城市空间优化、资产盘活、功能修补、风貌提升、便民利民，到2023年年底基本实现行政资源优化整合；紧扣"一统三化九场景"要求，加快推进凤凰新城、桃源等未来社区项目建设，力争到2025年年底"县城建成区基本覆盖"的目标基本实现；紧紧围绕"宜居宜业宜游"目标，不断加强公共基础设施建设，增强城市综合承载能力。

第二，实施产城融合专项行动。围绕"以产促城、以城聚产、产城联动、融合发展"的思路，以经开区为重要平台，秉承特色主导、错位发展的理念，构建"两园四区"空间发展格局。以省级高新技术园区创建为抓手，整合各类产业创新平台，汇聚各类创新资源，加快产业高质量发展，推动各片区做大做强做优。

第三，提升城市品牌对外影响力。发挥"衢州有礼·根源开化——开化是个好地方"城市品牌在激发产业发展、引领文明建设、丰富文化体系等方面的作用，提升开化特色文化标识度，强化城市品牌的体系策划、推广营销和衍生发展，加快打造文化文明双高地，在共同富裕中实现精神富有。计划到2025年，城市品牌影响力覆盖浙皖赣三省边际，辐射长三角地区一线经济发达城市，不断提升城市品牌对外影响力。

（三）坚持做强产业，不断推动强县富民

第一，以生态工业推动工业强县高质量发展。强化创新驱动、推动空间重构、重塑产业生态，集中力量打造有竞争力辨识度的"糖醇+有机硅"两大百亿级产业链。计划到2025年，经开区规模以上工业总产值达到220亿元以上；有机硅、糖醇两大产业链实现总产值超100亿元；R&D经费支出占GDP比重达到2.5%以上；建成生产高效集约，生活舒适宜居，生态环境优美，产城人相融相长、耦合共生的产城融合示范区。

第二，以"龙顶"振兴推动农业农村现代化高质量发展。以"钱江源"区域公用品牌为牵引，培育具有市场竞争力的主导产业，加快推进三产融合、产村融合，推动生态产品价值快速裂变，全力打造中国茶叶强县。

第三，以全域旅游推动现代服务业高质量发展。围绕打造"长三角一流生态旅游目的地"，主动对接头部企业、不断做强核心板块、持续丰富旅游业态，创成国家全域旅游示范区，努力把国家公园城市变为共同富裕的"金山银山"，全力打造中国县域旅游强县。

（四）整合发展要素，持续夯实融合基础

第一，引导人口集聚。实施"小县大城·富民安居"工程，列入国家新型城镇化试点，计划近10年投入10亿元，集聚人口2万余人，县城建成区面积从3.1平方千米扩大到15.2平方千米。根据开化水库建设需要，进一步完善新一轮易地搬迁政策体系，有序引导山区、库区农村人口向中心镇、中心城区梯度转移，助力人口集聚。计划到2025年，力争推进农村人口向城镇集聚3.6万人，力争实现城镇化率在65%以上。

第二，引入人才资源。围绕中心城区建设，吸引外来人口、广纳青年人才、鼓励乡贤回归、集聚本地居民，为打造现代化国家公园城市提供支撑。大力推行"一校一产业"模式，加快完善创新创业空间、产教融合基地，加强重点企业与专业优势高校院所全方位合作，统筹建设各类重大创新平台。健全以公租房、人才公寓为主体的住房保障体系，重点解决新市民、青年人才等群体住房问题，努力实现职住平衡。计划到 2025 年引进大专及以上学历人才 15000 人以上，人才资源总量达到 6.85 万人，高技能人才占技能人才比例达到 35%，专业技术人才高级职称比例达到 7% 左右。初步建成青年人才发展新高地、有机硅和糖醇产业人才集聚地、四省边际人才生态最优地。

第三，导入发展要素。开化县依托山海协作项目，通过产业梯度转移和要素合理配置，吸引沿海发达地区产业向山区合理转移，并促进山区剩余劳动力向发达地区有序流动，以此激发山区产业发展活力，推动经济加快发展，提高人民生活水平。目前，开化县与杭州上城、嘉兴桐乡、绍兴越城等发达地区开展"山海协作"，变"单一资金补助""单纯经济发展"为"双向飞地模式""多个领域合作"，实施了开化—桐乡山海协作生态旅游文化产业示范区、桐乡—开化"消薄飞地"、开化—滨海新区产业飞地等项目。2021 年，全省首个"产业飞地"框架协议及 10 亿元的清华大学 TUS 装配式建筑产业化项目落地开化，桐开山海联盟"消薄飞地"惠及 30 个村，产业联盟产品销售额突破 2 亿元，村级联盟集体经济收入均超过 40 万元，农村常住居民人均可支配收入增长 8.9%，位居浙江省山区 26 县第二。

（五）强化组织管理，全面提升治理能力

第一，打破"边界"，探索"共富联盟"。开化县充分发挥基层党建战斗堡垒作用，通过升级党建联盟，打破"边界"，构建"共富联盟"。一是打破业态边界，构建抱团型"产业联盟"。聚焦龙顶茶、清水鱼、红高粱、中蜂、中药材五大特色产业，支持产业优势区成立产业联盟，全县发展茶园 10.6 万亩、清水鱼流水坑塘 1.1 万口、红高粱 8500 余亩、中蜂 5.5 万群、中药材 2.6 万亩，发展农业龙头企业 54 家、农民专业合作社 631 个，形成"一亩土茶园，万元惠茶农""一口清水塘，万元卖鱼钱""一亩高粱地，净增万元钱""户养十桶蜂，增收万元钱""一家农家乐，户均万元钱"的产业增效、群众增收新模式。二是打破行政边界，构建互补型"片区联盟"。围绕华埠、芹阳、池淮、马金四个中心镇、重点镇，打破乡镇行政壁垒，建立四大"片区联盟"，南部片区突出工业发展和现代物流，中部片区突出城市旅游和城郊旅游，东部片区突出美丽乡村和现代农业，西部片区突出小微企业和现代农业，每一个片区都要聚焦本地产业发展方向。三是打破乡村边界，构建互补型"村级联盟"。以15个乡镇为共富基本单元打造15个"村级共富联盟"，创新"十个一"工作体系，根据乡镇内资源禀赋、产业基础，建立导师帮带制度，实现以强带弱、优势互补，推动联盟常态化、规范化运营，因地制宜引导老百姓差异化发展特色经济。

第二，发展新集体经济，推进强村富民。开化县抓住村集体产业赋能这个"牛鼻子"，在政策带动基础上，全力盘活村集体闲置的来料加工厂房等资源，加快业态导入，提高村集体"造血"能力。一是实施党建联盟共富综合体。以打造农村集体经济改革发展标志性成果为导向，计划2022—2025年，每年建成1个党建联盟共富综合体项目，强化政策、要素集聚，打造三产融合、综合集成强村富民项目，探索共富综合体与村集体、农户利益联结机制，实现每个共富综合体至少带动20个"造血"功能较差村每年新增经营性收入10万元以上。二是培育片区化强村公司。充分依托诗画风光带、山谷经济带建设，积极探索强村带弱村的联结机制，支持村村联合成立片区化强村公司，鼓励强村公司开展村庄经营，允许各地探索强村公司合理承接农业社会化服务、农村公共服务、农业农村小微工程项目的有效路径，积极探索职业经理人（团队）制度，2022年，力争片区化强村公司达到5家；到2025年，片区化强村公司达到10家。规范片区化强村公司运行机制，提升盈利能力，合理分配收益，鼓励强村公司吸纳本市农村劳动力，实现资产统管、经营统筹、资源共享、利益共赢。三是发展进城物业项目。鼓励单村或联村到城镇、工业园区、农产品加工园区、农贸市场等地购置物业，支持城中村、城郊村利用集体经营性建设用地兴建标准厂房、仓储设施等。2022年，40个村进城镇发展物业经济，每个村增收5万元；到2025年，150个村进城镇发展物业经济，每个村增收5万元。四是实施农民共富持股计划。健全完善村集体经济组织成员股份分红机制，严格落实"经营性收入50万元以上村提取当年净收益的30%用于村集体经济组织成员股份分红"的要求，推动有条件的村积极开展股份分红。2022年，村集体股份分红达到1.5亿元；到2025年，村集体股份分红达到3亿元。

第三，依托数字化改革，助力公共服务优质共享。开化县聚焦推进新一代信息技术与乡村基本公共服务各方面的深度融合，推广应用基本公共服务远程化、智能化服务模式，提供创新性应用解决方案。一是就业服务。开化常年外出从业人员近10万人，占农村从业人员的50%。解决好外出务工人员的就业问题，对夯实山区共同富裕基础具有重要意义。开化着力打造了"智享用工"数字场景，通过搭建"云上集市"帮助农户及时获得岗位信息，推出"劳务管家"保证农户外出务工的基本权益，并提供"店小二"数字云端服务，为农户在外务工提供相应的配套服务。依托对外出务工人员的数字化管理和服务，促进要素在区域间的快速流动，为农户提供了更为便捷的政务服务。目前，平台已登记服务用工单位6000余家，提供各类岗位6.37万个，受到广大农户的支持和欢迎。二是医疗服务。针对城乡医疗服务的现实差距，开化县卫健部门打造"两慢病"全周期数字健康应用，依托数字赋能，自动生成全县34万余人的"健康画像"，开展"百医进百村"、60岁以上"两慢病"患者门诊免费服药、85岁以上长寿之星免费体检、送医上门等服务，把"医"和"防"结合起来，以数字化为依托，为居民提供全方位、全周期的健康服务，场景覆盖32万人，受益群众突破10万人。三是教育服务。针对城乡教育质量差距扩大趋势的突出问题，开化县通过建立"共进型"教育联盟，创设"共享型"教育平台，重塑"共建型"教育机制，建立高中教共体1个、义务教育教共体16个、幼儿教育教共体3个，覆盖城乡学校110所，县域共建型校共体覆盖率达100%，创成省教育基本现代化县，获得时任教育部部长认可。

五　结论与启示

乡村产业发展是农业农村现代化的基础，推进乡村产业发展的关键是要促进各类发展要素更多向乡村流动，以形成城乡互济的良性循环，为乡村振兴注入新动能。根据开化县推动城乡融合发展的实践，我们认为可以从以下方面进行总结以梳理结论与启示。

（一）县域工业化和县城产业集聚是实现城乡融合的决定因素

工业化和城镇化是推动一国或地区经济社会发展的双轮驱动器。综观人类社会发展规律，现代化进程总是伴随着工业化，工业化始终是推动地区或县域经济发展的根本动力，生产力发展水平的跃升体现在产业形态的变化，即由农业经济形态转向工业经济、生态经济形态，以及进入新一轮的信息经济时代，生产力发展体现产业形态的转型升级。从空间形态来看，推动县域城镇化有效集聚要素，推动空间现代化是促进城乡融合发展的关键，推进以县城为重要载体的城镇化，不仅能够吸纳大量农村劳动力转移就业，还能不断提高城乡要素的配置效率，促进城乡居民生活全面提升。

20年来，开化持续推进"小县大城"建设，以农民下山转移、易地搬迁、"大搬快治"、"大搬快聚"等为载体，先后推动4.9万名农民搬出山村、融入城镇，近年来常住人口城镇化率逐年稳步提升。同时，以城乡并进、协作互补为原则，做大做强工业平台，推动一二三产业集聚，增加城乡人口就业岗位。2020年省级经济开发区、省级化工园区、省级绿色硅材料产业创新综合体建成。此外，持续优化工业产业结构，从"两硅两药密胺塑料"到"九大产业"，从"3+2+1"产业体系到"3+1"主导产业（以数字经济为引领的新材料、新能源、大健康）。2021年，三大园区有规模以上企业92家、产值超亿元企业 23 家，其中超 10 亿元企业 6 家，超 20 亿元企业 1 家。2021 年，开化规模以上工业增加值增速 27.4%，在 26 县排名第一；规模以上工业亩均税收增速 48.3%，在 26 县排名第二；规模以上工业亩均增加值增速 27.6%，在 26 县排名第三。2022 年 8 月，开化县委十五届三次全会把工业强县列为"五大战略跑道"之首。

县域的城乡融合应该怎么办？一是要推进工业化进程。要紧抓新科技革命浪潮，发展信息经济，推动产业转型升级。要提升城市能级，做大做特产业，以产业转移农业人口。二是要推行新型城镇化。推进以县城为重要载体的城镇化，进一步聚集人口，优化县域空间布局，分类指导不同类型的县域开展城镇化工作。对于重点生态功能区内的县城逐步有序承接生态地区超载人口转移，要培育发展特色优势产业，稳定扩大县城就业岗位。

（二）政府的作用体现在加速资源配置的速度而非替代资源配置决策

改革开放是决定中国前途命运的关键一招，其中，很重要的是创新性地发展和建立了社会主义市场经济体制，这是我们党和国家的一大创举，是实践中不断深化对政府和市场关系的规律性认识，我国社会主义市场经济体制从初步建立到不断完善、成熟，为我国创造经济增长奇迹提供了强有力的制度保障。促进城乡融合发展最重要的是通过深化改革，发挥市场在资源配置中的决定性作用，打破城乡二元分割体制，调节收入分配格局、调节城乡利益关系。

一直以来，开化不断强化县域统筹，加快推进"小县大城、组团发展、城乡融合"进程，构建城市品质化、镇村特色化、设施一体化的城乡发展新格局，推动资源科学配置、乡镇协同发展、城乡优势互补。2021 年，开化荣获中国最美乡村和乡村振兴"双百佳"称号；金溪画廊诗画风光带示范段和标杆村建设评比全市第一；成功摘获省首批"大花园"示范县，钱江源国家公园、根宫佛国文化旅游区入选省"大花园"耀眼明珠。全面推行"林长制"，入选国乡经营合作试点，出境水质和空气优良率再攀新高。"两山银行"全省首推森林碳汇价值质押等多个创新产品，探索施行乡镇 GEP 增量考核，GEP 核算分析应用场景列入省首批数字政府系统"一地创新、全省共享"应用，美丽生态向美丽经济加速转化。

政府在促进要素资源优化配置方面怎么干？政府在资源配置中的作用不是替代要素资源配置，而是更好地促进要素资源优化配置。一是要破除体制机制障碍进行改革，促进要素自由流动。要按照社会主义市场经济要求，不断深化改革，破除城乡融合的体制机制障碍，深化户籍制度改革，推动公共服务均等化配置，推动城乡土地、劳动力、公共服务和技术等要素双向流动。二是要发挥市场在资源配置中的决定性作用，更好地发展政府的作用。市场作用不是万能的，也存在着市场失灵的领域。因此，未来要按照高水平社会主义市场经济体制要求，发挥市场在资源配置中的决定性作用，更好地发展政府的作用。特别是对于山区非优势化地区，存在基础设施、公共服务、产业配套等市场失灵领域，政府应积极作为，弥补市场失灵，导入人力、产业要素，促进城乡融合发展。

（三）要创新体制机制吸引乡村振兴发展要素有效导入

推进城乡融合发展是一项全局性工作，是涉及区域发展的综合性战略路径。促进城乡之间人、财、地三者之间要素流动需利用好政府这双"有形的手"的重要作用，发挥出有效市场和有为政府的最大合力，促进城乡之间生产要素的自由流动。

开化高度重视招才引智工作，近年来推出了"钱江源英才计划"，在育强本土人才的同时，千方百计"攀高亲"，用好山好水吸引高端人才，哈工大钱江源高端装备研究院、中科钱江源产业协同创新中心、中国农大钱江源乡村振兴研究院实体化运作，11 名院士入驻开化"浙江院士之家"。同时，采取"建站引才""进校招才"等方式，建立开化县大学生联盟、"双一流"高校学生资源库，近年来新招引大学生近 5000 人。针对"山多地少，发展空间小"的区位弊端，以"多规合一"为基石，编制县域空间管控"一张蓝图"，划定"三区三线"，打通"两山"转化通道，推动生态变现。无中生有，建成国家5A级景区根宫佛国文化旅游区，推进"百里金溪画廊"建设，布局乡村旅游，发展民宿经济，将生态资源变现为全域旅游。同时，探索"国资村资"合作，擦亮"钱江源国家公园""钱江源区域公共品牌"两张金名片，壮大"两茶两中一鱼"农特产业，龙顶茶、山茶油、中药材、中蜂、清水鱼实现亩均万元效益。此外，借助"山海协作"，建设科创、产业、消薄、旅游"双向飞地"。

乡村振兴发展要素如何有效导入？第一，针对"人"这一要素。农村地区生产发展离不开人这一活跃因素，特别是人才在农村发展建设中发挥了重要作用。由于长期受城市虹吸效应影响，大量农村人才选择向城市流动，并在城市定居，导致农村地区人才缺失和人才空心化现象严重。因此，针对以上现象，要大力推动农村人才建设。城乡政府需支持和鼓励高校毕业生、青年人才返乡创业，畅通下乡创业渠道，施行普惠扶持政策和创业财政补贴，优化下乡创业环境和待遇，吸引多元化人才向农村地区发展，促进城乡之间人才要素双向流动。第二，针对"财"这一要素。一方面，由于农村地区金融活动和金融服务体系单一，形成"人去钱流"的金融发展态势，农村政府需打通金融绿色通道，强化农民返乡创业就业的贷款融资支持和基金支持，提高农民返乡创业激情，并通过加强农村地区征信体系建设，依据农民个人信用度值建立"农民信用贷"，按照信用度高低给予不同信用贷款额度，拓宽农民融资渠道，支持农民创业。另一方面，鼓励城市闲散资金和现代产业向农村地区投入生产，缓解城市用地紧张状态，发挥农村土地资本优势，激活农村地区产业发展，以此促进城乡之间经济和金融的密切往来。第三，针对"地"这一要素。土地作为农村地区最丰富和宝贵的资源，应充分利用农村地区土地资源。一方面，农民应探寻农庄发展新模式。在农村土地所有权不变更的情况下，将农村闲散土地和旧房进行利用和拆建，打造成现阶段最受欢迎的"民俗+农地"的休闲农庄，与当地的文化资源进行集合，打造农村地区新型文化休闲旅游胜地，还可将闲置旧房出租给城市居民，满足他们体验田园生活的愿望，这样不仅合理促进农村土地开发利用，还有效促进城乡之间的人员流动。另一方面，积极推行"三权分置"，深化农村地区产权制度改革。面对农村股份经营合作制的企业，给予企业一定的土地自主开发权利，鼓励其与城市产业合资合作，将城市产业带向农村地区生产，促进城乡地区产业融合发展。

(四) 要充分发挥集体经济组织的作用

相较于城市机器大工业，农业经济发展存在着小而散、自组织性差、抗风险能力弱的天然劣势，如何将分散的农民、资金有效地组织起来，形成强有力的组织体系是农业发展面临的巨大挑战和难题。很显然，建立农村集体经济组织是促进城乡融合发展的强有力的组织保障。集体经济组织是乡村基层组织单元的重要组成部分，对发展农村公共事业具有十分重大的作用。通过开展具有集体经营性质的股份合作制改革，可以更好地将集体经济组织与其他乡村基层组织区分开来。进一步做到明晰边界、明确职能，有利于提高组织的运行效率。新型农村集体经济与农民的利益息息相关，可以提高农民的集体意识，巩固乡村治理的群众基础。发展新型农村集体经济，也将为提升农村基础设施和公共服务水平创造条件，夯实乡村治理的物质基础。

近年来，开化把巩固提升村集体经济作为城乡融合发展促进共同富裕的有效抓手，通过农村产权流转公开交易，提高市场价值，向市场、向土地、向改革要红利；通过盘活"两非"整治耕地，统一流转土地，由村集体统一种植油菜、轮作种植红高粱等，做强村集体产业；通过收储"旧民房"，改造民宿，发展乡村旅游；通过县级统筹，抱团购买物业，发展光伏等项目增加村集体资产性收入。2021年，开化所有行政村实现经营性收入20万元全覆盖，经营性收入50万元以上的村的占比在30%以上。村集体经济的壮大，为"人人有事做，家家有收入"夯实了就业基础，同时为村社公益性支出提供了基本保障。

高质量发展农村集体经济方向在哪里？发展和壮大农村集体经济，关键在完善机制、盘活资产、导入发展要素。一是要建立农村集体经济发展新机制。要强化党建统领、政策集成、要素集聚，要搭建农村集体经济发展平台，统筹配置县域农村集体资金、土地、项目的要素资源。要联合成立片区强村公司，规范运行机制，探索职业经理人（团队）制度，提升村庄的经营能力，鼓励吸纳本地农村劳动力就业，增加农民工资性收入，合理分配收益。二是要盘活农村集体存量资金和资产。要归集现有村集体存量资金，建立县域农村集体经济发展基金，依托金融信贷等政策，发挥集体资金效用，推进乡村产业发展重大项目。要通过县域统筹，在工业园区、商业街区集中建设产业园、物流设施、农贸市场等物业，为偏远山区农村投资入股、实现村集体增收提供平台和渠道。要鼓励有条件的村集体单村或联村在工业园区、商业街区、农产品加工园区、农贸市场等地购置物业，用于经营或出租，增加村集体物业收入。要落实村集体资源资产进农村产权交易平台交易的要求，探索建立农村产权交易指数体系。三是要实施强村富民共富计划。鼓励村经济合作社通过购买金融机构股金的方式，实现村集体和村集体经济组织成员定期享受金融机构股金分红。鼓励新型农业经营主体组建产业农合联，并扶持其做大做强。积极推广"龙头企业+"模式，通过订单保底收购、二次返利、平台销售、入股分红等方式，打造农合联、企业、新型经营主体和农户发展共同体、利益共同体。

（五）要充分发挥农民的主体性作用

人民群众是历史的创造者。统筹城乡发展最根本的就是要发挥农民主体性作用。习近平同志曾指出，统筹城乡发展，根本的出发点和落脚点是让老百姓得到实惠，使广大农民共享改革成果。

20年来，开化牢记习近平同志"人人有事做，家家有收入"的殷殷嘱托，持续推进美丽乡村建设，同时实现向美丽经济转化，把本地优质特色"资源"转化成了群众增收致富的"财源"。荣获全省首批全域旅游示范县，获评全国旅游百强县，全县共有国家3A级以上景区11个，其中根宫佛国文化旅游区是全市首个5A级景区，根缘小镇是全省首批文旅类特色小镇，2021年旅游人次和收入分别达到291万人次和36亿元，占了全市的28%和29%。开化龙顶品牌价值达30亿元，产值突破13亿元，茶农人均实现增收3300元。2021年，开化美食门店达5000余家，美食产业总值达到75亿元，直接带动就业5万余人。2021年，开化县GDP总值为169.44亿元、增长8.5%，人均可支配收入32432元、增长13%，收入比缩小至1.89∶1，经济社会发展取得了显著成效。

在城乡融合发展中怎样发挥农民主体性作用？没有农民参与的城乡融合是无法落地的，同样缺乏"主体性"的农民也是难以担当城乡融合发展的重任的。一是要建立农民参与机制。要推动农业产业发展，鼓励农民以土地入股等方式发展集体经济；要建立村庄发展民主决策机制，让农民真正成为乡村振兴的主角。二是要让农民共享成果。要把产业振兴放在首位，要奠定"人人有事做，家家有收入"的产业基础；要建立农民经营性收入增长机制和财产性收入增长机制；要坚持物质文明和精神文明同步推进；要坚持民生优享，真正让农民在城乡融合发展中提升获得感和幸福感。

参考文献

一 中文文献

（一）著作

中共中央马克思恩格斯列宁斯大林著作编译局编译：《马克思恩格斯选集》第一卷，人民出版社1995年版。

中共中央马克思恩格斯列宁斯大林著作编译局译：《马克思恩格斯全集》第四十六卷（下册），人民出版社1980年版。

中共中央马克思恩格斯列宁斯大林著作编译局编译：《马克思恩格斯选集》第三卷，人民出版社1995年版。

中共中央马克思恩格斯列宁斯大林著作编译局编译：《马克思恩格斯全集》第三卷，人民出版社2002年版。

中共中央马克思恩格斯列宁斯大林著作编译局编译：《列宁全集》第三十四卷，人民出版社1985年版。

中共中央马克思恩格斯列宁斯大林著作编译局编：《斯大林选集》下卷，人民出版社1979年版。

中共中央文献研究室编：《毛泽东文集》第六卷，人民出版社1999年版。

邓小平：《邓小平文选》第三卷，人民出版社1993年版。

江泽民：《江泽民文选》第一卷，人民出版社2006年版。

胡锦涛：《胡锦涛文选》第二卷，人民出版社2016年版。

习近平:《摆脱贫困》,福建人民出版社1992年版。

习近平:《高举中国特色社会主义伟大旗帜　为全面建设社会主义现代化国家而团结奋斗——在中国共产党第二十次全国代表大会上的报告》(2022年10月16日),人民出版社2022年版。

习近平:《论"三农"工作》,中央文献出版社2022年版。

习近平:《习近平谈治国理政》第二卷,外文出版社2022年版。

习近平:《习近平谈治国理政》第三卷,外文出版社2020年版。

习近平:《习近平谈治国理政》第三卷,外文出版社2022年版。

习近平:《习近平谈治国理政》第四卷,外文出版社2022年版。

习近平:《习近平谈治国理政》第一卷,外文出版社2022年版。

习近平:《之江新语》,浙江人民出版社2007年版。

中共中央党史和文献研究院编:《十八大以来重要文献选编》(下),中央文献出版社2018年版。

中共中央文献研究室编:《建国以来重要文献选编》(第四册),中央文献出版社1993年版。

中共中央文献研究室编:《十八大以来重要文献选编》(上),中央文献出版社2014年版。

孙中山:《孙中山全集》第十卷,中华书局2006年版。

孙中山:《孙中山全集》第五卷,中华书局2006年版。

谢伏瞻主编,蔡昉、李雪松副主编:《迈上新征程的中国经济社会发展》,中国社会科学出版社2020年版。

江苏省统计局、国家统计局江苏调查总队编:《江苏统计年鉴2022》,中国统计出版社2022年版。

浙江省统计局、国家统计局浙江调查总队编:《浙江统计年鉴2022》,中国统计出版社2022年版。

(二)期刊、论文、报纸

习近平:《不断开拓当代中国马克思主义政治经济学新境界》,《求是》2020年第16期。

习近平:《习近平对研究生教育工作作出重要指示强调　适应党和国家事业发展需要　培养造就大批德才兼备的高层次人才》,《人民日报》2020年7月30日。

陈斌开、马燕来:《数字经济对发展中国家与发达国家劳动力市场的不同影响——技能替代视角的分析》,《北京交通大学学报》(社会科学版)2021年第2期。

陈文、吴赢:《数字经济发展、数字鸿沟与城乡居民收入差距》,《南方经济》2021年第11期。

陈显友:《乡村振兴背景下农村养老服务供给问题研究》,《广西社会科学》2021年第11期。

陈新:《马克思主义财富观下的共同富裕:现实图景及实践路径——兼论对福利政治的超越》,《浙江社会科学》2021年第8期。

丁志帆:《数字经济驱动经济高质量发展的机制研究:一个理论分析框架》,《现代经济探讨》2020年第1期。

都阳、贾朋:《在高质量发展中扩大中等收入群体》,《财经智库》2022年第1期。

窦瀚洋:《浙江　医养结合不断扩容》,《人民日报》2022年9月16日第15版。

冯明:《促进共同富裕视域下中国人口问题及其治理研究》,《中央社会主义学院学报》2021年第6期。

胡刚:《共同富裕命题下积极应对人口老龄化的路径选择》,《扬州大学学报》(人文社会科学版)2022年第3期。

胡拥军、关乐宁:《数字经济的就业创造效应与就业替代效应探究》,《改革》2022年第4期。

黄海清、魏航:《数字经济如何稳就业——机制与经验分析》,《贵州财经大学学报》2022年第1期。

蒋永穆、豆小磊:《共同富裕思想:演进历程、现实意蕴及路径选择》,《新疆师范大学学报》(哲学社会科学版)2021年第6期。

李军鹏:《共同富裕:概念辨析、百年探索与现代化目标》,《改革》2021年第10期。

李晓华:《数字经济新特征与数字经济新动能的形成机制》,《改革》2019年第11期。

刘培林、钱滔、黄先海等:《共同富裕的内涵、实现路径与测度方法》,《管理世界》2021年第8期。

孟祺:《数字经济与高质量就业:理论与实证》,《社会科学》2021年第2期。

潘琰、毛腾飞:《就业质量的组合评价研究》,《东南学术》2015年第1期。

戚聿东、刘翠花、丁述磊:《数字经济发展、就业结构优化与就业质量提升》,《经济学动态》2020年第11期。

赛迪顾问县域经济研究中心:《2022年中国县域投资竞争力百强研究报告》,2022年11月。

孙文灿:《实现老有所养 促进共同富裕》,《社会福利》2021年第6期。

王栋:《数字经济发展对就业影响研究——基于我国部分城市数据的实证分析》,《价格理论与实践》2020年第12期。

王娟等:《中国数字生态指数的测算与分析》,《电子政务》2022年第3期。

王羽:《共同富裕进程中养老服务的地位作用与发展任务》,《学术交流》2022年第5期。

肖金成、洪晗:《共同富裕的概念辨析、面临挑战及路径探索》,《企业经济》2022年第4期。

阎世平、武可栋、韦庄禹:《数字经济发展与中国劳动力结构演化》,《经济纵横》2020年第10期。

叶胥、杜云晗、何文军:《数字经济发展的就业结构效应》,《财贸研究》2021年第4期。

袁培、江妍妍：《共同富裕视角下人口老龄化经济压力与科技创新影响研究分析》，《统计理论与实践》2022年第8期。

张抗私、韩佳乐：《就业质量协调发展：评价指数与实证分析》，《宏观质量研究》2022年第5期。

张来明、李建伟：《促进共同富裕的内涵、战略目标与政策措施》，《改革》2021年第9期。

周灵灵：《我国人口流动的核心特质及政策启示》，《开发研究》2019年第4期。

（三）网络文献

《社科院副院长蔡昉："未富先老"是中国当前时期的重要国情》，腾讯网，https：//new.qq.com/rain/a/20200822A0FOJE00，2020年8月22日。

《胡佳胤：有八成求职者向往成为数字游民》，北京大学国家发展研究院官网，http：//nsd.pku.edu.cn/sylm/gd/526837.htm，2022年10月28日。

《浙江省各区县2022年上半年城镇人均居民收入状况，你家乡是多少？》，腾讯网，https：//new.qq.com/rain/a/20220815A039ST00，2022年8月15日。

浙江省统计局：《"十三五"时期浙江数字经济发展报告》，http：//tjj.zj.gov.cn/art/2021/1/25/art_1229129214_4439493.html，2021年1月25日。

浙江省统计局：《数看"浙"十年之高质量发展十大高地》，http：//tjj.zj.gov.cn/art/2022/10/13/art_1229129214_5007045.html，2022年10月13日。

浙江省统计局：《浙江省第七次人口普查系列分析之三：人口自然变动》，http：//tjj.zj.gov.cn/art/2022/7/22/art_1229129214_4956020.html，2022年7月22日。

浙江省统计局：《浙江省第十四次党代会以来经济社会发展成就之民营经济篇》，http：//tjj.zj.gov.cn/art/2022/5/5/art_122912921

4_4920185. html, 2022 年 5 月 5 日。

二 外文文献

Anker, Richard, Igor Chernyshev, Philippe Egger, et al., "Measuring Decent Work with Statistical Indicators", *International Labour Review*, 2003, 142（2）.

Breemersch, K., J. P. Damijan, and J. Konings, "What Drives Labor Market Polarization in Advanced Countries? The Role of China and Technology", *Industrial and Corporate Change*, 2019, 28（1）.

Van Bastelaer, Alois, "Work Organisation, a Dimension of Job Quality: Data from the Ad Hoc Module of the 2001 Labour Force Survey in the EU", Joint UNECE-Eurostat-ILO Seminar on Measurement of the Quality of Empolyment, Geneva, 2002.

后　记

　　扎实推动共同富裕是党中央把握发展阶段新变化，在向第二个百年奋斗目标迈进的历史进程中提出的一项重大战略举措，实现共同富裕是千百年来人类孜孜以求的梦想。到底共同富裕应该是一个什么样的社会状态，如何实现，这不仅是一个理论问题，更是一个实践问题。2021年6月，印发《中共中央　国务院关于支持浙江高质量发展建设共同富裕示范区的意见》，赋予浙江推动共同富裕先行探索的任务。为助力浙江共富实践探索，2021年中国社会科学院与浙江省合作开展了"浙江省高质量发展建设共同富裕示范区研究"课题，人口与劳动经济研究所负责分报告"浙江省高质量发展建设共同富裕示范区的就业及人口老龄化应对目标、路径和改革举措研究"。

　　在多次调研、深入研究的基础上，课题组形成了本研究成果，从人口老龄化和高质量就业两个维度探讨浙江在推进共同富裕中的优势条件、面临的问题和挑战以及推进路径。本书研究及写作的具体分工如下：都阳负责全书总体思路设计与统筹；第一章由管振、季宇飞撰写，第二章由向晶撰写，第三章由吕劼、周灵灵、蔡翼飞撰写，第四章由都阳、蔡翼飞撰写，第五章由许多撰写，第六章由熊柴、毛庆庆和靳耀祖撰写，调研报告一（湖州调研报告）由蔡翼飞、彪义雯撰写，调研报告二（开化调研报告）由汪彬、徐开宏、管振和袁羚期撰写。此外，还要感谢王誉憬为书稿整理和校对工作付出的努力。

本书的撰写和出版得到了院总课题组的悉心指导和大力支持。从课题开展之初，总课题组就清晰地指出了本课题的研究目标和总体方向，课题组负责人中国社会科学院谢伏瞻原院长和高培勇原副院长多次对课题研究的思路进行指导，提出了诸多宝贵的意见。中国社会科学院科研局为课题研究提供了全面的沟通协调和组织保障支持。浙江省级和市县相关部门为本课题开展提供了资料收集、调研安排等协助。中国社会科学出版社编辑团队也为本书的编校和出版付出了辛勤的劳动。在此一并表示衷心的感谢！

课题组
2024 年 5 月